扁額の教え

廣池千九郎の人間教育

財団法人モラロジー研究所

はじめに

　本書は、月刊誌『れいろう』（モラロジー研究所発行）において連載した「扁額の教え――廣池千九郎の人間教育」を収録し、資料編として法学博士・廣池千九郎がそれらの扁額および掲板について書き著した文章を加えて一冊にまとめたものです。

　廣池千九郎は、世界の諸聖人の事跡と教説に一貫する道徳原理を最高道徳と名付け、大正十五年に新しい学問としてモラロジーを創建しました。そして、昭和十年に、モラロジーを根幹とした人間教育を行うため、現在の千葉県柏市に麗澤大学とモラロジー研究所の前身となる道徳科学専攻塾を開設しました。

　本書に掲載した木製の扁額と掲板は、この道徳科学専攻塾においてモラロジーを学ぶ塾生や門人が、最高道徳を正しく理解し体得して更生することを願い、千九郎自身が中国の古典や教訓、訓示を揮《き》毫《ごう》したものです。

　大正元年に大病を患った千九郎は、末梢神経麻痺の後遺症のため、体温調節ができず、真夏でも綿入りの着物を重ね着し、携帯用カイロを二十個近くも身に付けていなければならないという身体でした。そして、連日のように発熱と夥《おびただ》しい発汗の発作に襲われていました。しかし、遺された扁額や掲板の墨跡には、病軀の弱々しさなど微塵も感じさせない迫力があり、心静かに対面すると、正義と慈悲の教えで包み込まれるような感覚を覚えることでしょう。

　読者の方々には、機会あるたびに本書を繙《ひもと》いて、千九郎の息遣《いきづか》いと人格を感じていただき、精神の糧とされることを願ってやみません。

　最後に、『れいろう』の連載中から本書の刊行に至るまで、貴重なご助言とご指導をいただきました井出元《はじめ》氏（麗澤大学教授・モラロジー研究所廣池千九郎研究室室長）に篤くお礼を申し上げます。

財団法人モラロジー研究所出版部

凡　例

一、以下の書名については、次のように省略して示しました。

新版『道徳科学の論文』→『論文』

『廣池千九郎日記』→『日記』

『道徳科学研究所紀要』〈旧〉→『旧紀要』

一、出典表記における丸数字は、その著書の冊数を表しています。

（例）『論文』①＝新版『道徳科学の論文』第一冊

一、原則として旧漢字は常用漢字に、旧仮名づかいは現代仮名づかいに改めました。

一、「遺稿」とあるのは、廣池千九郎の未刊行原稿からの引用です。

一、巻末の「廣池千九郎が著した言葉」の表記に関しては、当時の時代背景等を考慮し、原文を尊重しています。

目次

レイアウト／株式会社エヌ・ワイ・ピー
装　　丁／レフ・デザイン工房　神田程史

修天爵而人爵従之
（天爵《てんしゃく》を修めて、人爵《じんしゃく》これに従う）

法学博士・廣池千九郎《ひろいけちくろう》は、昭和十年（一九三五年）に、モラロジー（道徳科学）を根幹とした教育を行う目的で、道徳科学専攻塾（モラロジー・カレッジ）を千葉県東葛飾《ひがしかつしか》郡小金《こがね》町（現在の柏市光ケ丘）に開設しました。

この私塾は、中等教育修了者を対象とした本科と、社会人対象の別科からなり、当時では珍しい男女共学で全寮制でした。

約十万坪の山林を切り開き、イギリスのパブリックスクールを倣《なら》って、大講堂、食堂、寄宿舎、図書館などの教育施設が建てられました。

千九郎は、それらの施設に、聖人の教え、自《みずか》らの教訓、そして日常生活の注意などを木製の扁額《へんがく》にして掲げました。

この「修天爵而人爵従之」の扁額は、大講堂の正面に掲げられました。この句は、中国古典『孟子』の中にある次の一節から引用したものです。

「孟子曰有天爵者有人爵者仁義忠信楽善不倦此天爵也公卿大夫此人爵也古之人修其天爵而人爵従之今之人修其天爵以要人爵既得人爵而棄其天爵則惑之甚者也終亦必亡而已矣」（孟子曰《いわ》く、天爵なる者有り、人爵なる者有り。仁義忠信、善を楽しみて倦《う》まざるは、此《こ》れ天爵なり。公卿大夫は、此れ人爵なり。古《いにしえ》の人は、其《そ》の天爵を修めて而《しこう》して人爵之《これ》に従う。今の人は、其の天爵を修めて、以《もっ》て人爵を要《もと》む。既に人爵を得て、其の天爵を棄《す》つるは、即《すなわ》ち惑《まどい》の甚《はなは》だしき者なり。終《つい》に亦《また》必ず亡《ほう》せんのみ、と）

千九郎は、この孟子の教訓をもって、品性の完成を目的とするモラロジー教育の根本精神を示しました。

縦62cm・横550cm

正面に「修天爵而人爵従之」の扁額が掲げられた道徳科学専攻塾の大講堂。昭和10年4月の開塾式で挨拶をする千九郎

現在の廣池千九郎記念講堂。同じ扁額が正面に掲げられ、建学の精神が継承されている

天爵は、天（神）における位階のことです。これに対して人爵は人間から授けられる位のことです。モラロジーで教える最高道徳を実行するには、まずこの天爵を修めることが重要で、人爵は自然に伴ってくるという教えです。

つまり〝天爵を修める〟とは、人類の発達に適した正しい学問と知識、そして高い品性を身に付けるように修養するということです。このように品性を高めた人は、利益や財産、社会的な地位といった人爵が、自然に得られるようになります。これが〝人爵これに従う〟ということなのです。

塾生たちは、日々、大講堂に掲げられたこの扁額の下で、人生の目標を見失わないように勉学に励みました。

麗澤ハ太陽天ニ懸里て
萬物を恵み潤ほす義也
モラロヂーの父　七十一歳書

（麗澤《れいたく》は太陽天に懸《かか》りて万物を恵み潤《うるお》す義なり）

廣池千九郎は、道徳科学専攻塾を開設したとき、同じ敷地内に自らの住まいを建てて「麗澤館」と名づけました。

「麗澤館」は、千九郎が十七歳のときに師範学校の受験に失敗した後、失意の中で学んだ、漢学者・小川含章《おがわがんしょう》の私塾の名前です。

千九郎は、九州の大分にあったこの麗澤館で、当時七十二歳の含章から多くの影響を受けました。特に、含章の篤《あつ》い憂国の情は、多感な青年期の千九郎の心を強く揺さぶりました。千九郎は晩年、「はじめて私の精神の中に、この日本国体の偉大なることがわかり、それが源となって私のあらゆる研究が成り立って、ついに新科学（道徳科学）が成立するに至った」（『回顧録』）と述懐しています。

この「麗澤」という語は、中国の古典『易経《えききょう》』の「象曰麗澤兌君子以朋友講習」（象《しょう》に曰く、麗《つ》ける澤は兌《よろこ》びなり、君子以《もっ》て朋友《ほうゆう》と講習す）という言葉からとったものです。「並んでいる沢が互いにうるおし合う姿は喜ばしい。立派な人間になろうとする者が志を同じくする友と切磋琢磨《せっさたくま》する姿は素晴らしい」という意味です。

千九郎は、この古典の精神を敷衍《ふえん》して、「麗澤は、太陽が天にあって万物を恵み潤すという意味である」と示しました。「モラロジーの父」というのは「門人の親」ということを表しています。

縦50cm・横75cm

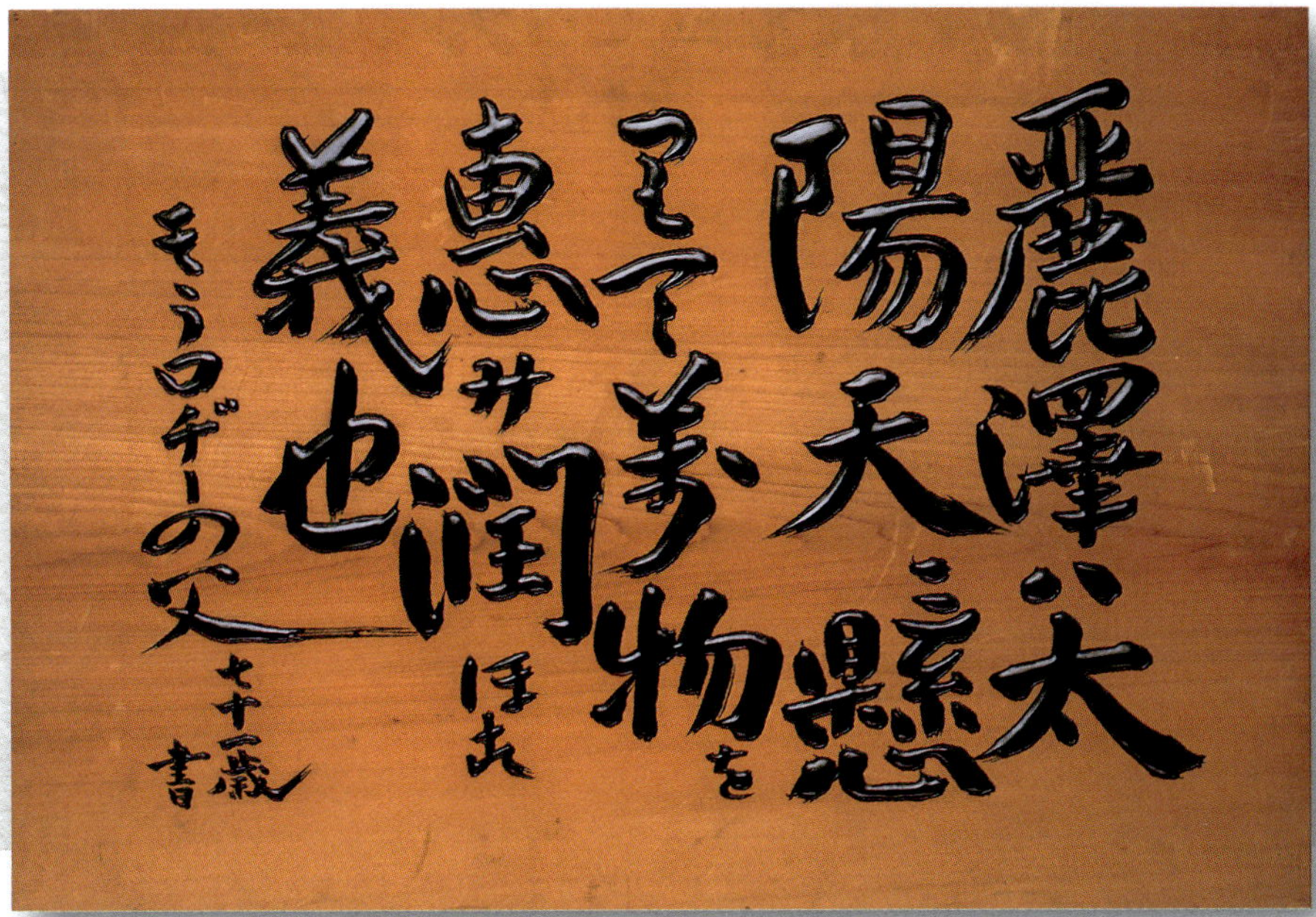

昭和13年4月、金婚式を迎え、大講堂（現在の廣池千九郎記念講堂）で記念講演を行うために「麗澤館」を出発する千九郎

講演後、貴賓館の大広間で祝宴が催され、門人に挨拶をする千九郎

つまり、モラロジーを学ぶ門人たちに、利己的な心を取り去って、神の心である慈悲心を体得し、生きとし生けるものすべてを育《はぐく》むような人間（最高道徳の実行者）になることの大切さを教えているのです。

縦120cm・横38cm

大学の教訓

苟日新日々新又日新

右運命進化長久の原理

（苟《まこと》に日《ひ》に新《あら》たに日々に新たに又《また》日に新たなり）

この句は、中国の古典『大学』「伝の第二章」に出てくる言葉です。

「湯之盤銘曰苟日新日々新又日新」（湯《とう》の盤《ばん》の銘《めい》に曰《いわ》く、『苟に日に新たに、日々に新たに、又日に新たなり』と）

湯というのは、中国古代の殷《いん》王朝を創始した湯王《とうおう》のことです。盤は、水を入れて洗面や沐浴《もくよく》などに使う器のことです。

古代中国には、日常使用する器物などに銘（格言など深く心に刻む言葉）を彫りつけ、朝夕それを見て戒《いまし》めにするという習わしがあったといいます。

「苟」は「誠」と同意で「ほんとうに」という意味です。「日に新たに」の日は、その当日のこと、「日々に新たに」の日は、毎日毎日という意味です。そして「又日に新たなり」の日は、未来の日という意味です。

つまり、この句は日々怠ることなく、新鮮な心をもって

道徳科学専攻塾で行われていた弁論大会。日ごろ学んだ成果を発表し、切磋琢磨したことであろう

修身の努力を積んでいくことの大切さを説いています。

湯王は、この九文字の言葉を毎日使用する水盤に彫りつけ、手や顔を清めるたびに心も新たにして精進に努めたのでしょう。それゆえ、人々から聖王として崇《あが》められるようになったのです。

廣池千九郎は、「真の人間に精神的に生まれ変わること」（『更生殿説明書《こうせいどのせつめいしょ》』）が〝更生〟であり、更生なくして真の幸福は得られないと教えています。道徳科学専攻塾にこの扁額を掲げ、聖人の教えに従って日々の精神作用と行為を反省し、常に心を新たにして微善を積み重ねていくことの重要性を塾生に伝えました。

このようにしてこそ、私たち人間は精神的に新しく生まれ変わり、進化し発展していくことができるという重要な教訓です。

縦120cm・横38cm

大学の教訓

徳潤身心廣體胖
右健康長命の原理

（徳は身を潤し心広く体《たい》胖《ゆたか》なり）

この句は中国古典の『大学』「伝の第六章」の中から引用したものです。

「富潤屋徳潤身心廣體胖故君子必誠其意」（富は屋《おく》を潤し、徳は身を潤す。心広く体胖なり。故に君子は必ず其の意を誠にす）

この意味は、次のようになります。

富は家を潤して美しくする。同じように、徳は人をうるわしく立派にする。徳を備えた人の心は広く寛大であるために、身体は常に伸びやかで健やかである。そうであるから、君子と呼ばれる人たちは必ずその心を誠にする。

廣池千九郎は、この教訓を、人間が健康・長命になる原理であると示しました。

千九郎の考える徳とは、最高道徳を標準とした精神作用と行為を意味します。つまり、常に慈悲にして寛大な心となり、どんなことに対しても自己に反省し、人々の心を救済することを念として精進

道徳科学専攻塾では、闘争心を煽るものではなく、人格を形成する目的で武道やスポーツも楽しんだ

する生き方のことです。

　このようにして人生を歩めば、天地自然の法則（神の心）にかなっているために、精神は安定して大らかとなり、肉体のすべての細胞が活性化して、健康と長命を得ることになるのです。

　千九郎は、学問研究に打ち込むあまり、長年にわたって心身を酷使したため、四十六歳のときに大病を患《わずら》いました。

　生死の境をさまよう中、それまでの生き方が利己的な本能に基づいていたことに気づき、大反省を成し、残された人生のすべてを人類の幸福実現に資することを決意したのです。

　この最高道徳への精神的大転換は、千九郎の肉体を蘇《そ》生《せい》させ、古《こ》希《き》を迎えるまで長らえて、モラロジーの確立と道徳科学専攻塾の開設を可能にしました。

　この扁額は、千九郎自身が、身をもって実践した教えといえるでしょう。

更生殿（こうせいどの）

廣池千九郎は道徳科学専攻塾を開設した際、英国のパブリックスクールがチャペルを教育の中心に据えている点に倣い、大講堂を教育と施設の中核としました。

千九郎は、この大講堂の奥に「更生殿《こうせいどの》」※という一室を設け、最高道徳の核心を書いた掲板を何点か掛けました。そして教職員や塾生が、常に心静かに自らを省みることのできる場所としたのです。

第一期生の入塾式が行われた四月一日の夜、千九郎は、大食堂での講演の中で、「じっと更生殿におれば、心が納まってくる」と語り、機会あるごとに更生殿で瞑想深思《めいそうしんし》することを勧めています。

千九郎は、更生の意味を「英語のコンヴァーション（Conversion）に当り回心などと同意義の語であって人間が動物の種属より真の人間に精神的に生まれ変わること」（『更生殿説明書』）と説明しています。

つまり、私たち人間が、真に幸福と安心を享受するためには、利己心に基づいて生活してきたこれまでの生き方を改めて、世界の諸聖人が教え示した神の心である慈悲心を体得し、人心を救済する精神（人々の幸福を願った生き方）にならなければならないということです。

更生殿に掛けられた掲板の一つひとつには、私たちが精神的に生まれ変わるための教えが刻まれているのです。

※更生殿の殿を「でん」と読むのは憚《はばか》りがあるということで、廣池千九郎は「どの」と読ませた。（『更生殿説明書』より）

縦40cm・横106cm

「更生殿」はその後、「修養更生館」、「正統更生館」、そして現在の「更生館」と名称を変更し、今も受け継がれています。

平成15年、大講堂は「廣池千九郎記念講堂」として建て替えられた

道徳科学専攻塾開設当時の正門と大講堂

「廣池千九郎記念講堂」に併設された現在の更生館の内部。教訓の書かれた板が掲げられている

縦121cm・横38cm

至誠無息

中庸

（至誠息《や》む無し）

この句は、中国の古典「四書」の一つである『中庸《ちゅうよう》』第二十六章から引用したものです。「故至誠無息不息則久久則徴徴則悠遠悠遠則博厚博厚則高明」（至誠息む無し。息まざれば則《すなわ》ち久し。久しければ則ち徴《しるし》あり。徴あれば則ち悠遠なり。悠遠なれば則ち博厚なり。博厚なれば則ち高明なり）

これは聖人が最高道徳実行上の一大要件として示した教訓で、廣池千九郎は『道徳科学の論文』の中でもたびたび引用しています。

「至誠」というのは、利己心のまったくない純真無垢《じゅんしんむく》な神の心（慈悲心）のことです。さらに、この至誠を実行する際には、私心を交えることなく邁進《まいしん》するという意味も有しています。「息む無し」というのは、休むことなく継続していくということです。

私たちは、日々の生活を、

師弟同行をめざした専攻塾での授業風景

ややもすると、利己的な本能にとらわれていることに気づかずに過ごしています。時には善行を思い立ち、至誠心を奮い起こして事にあたるようなこともありますが、そのような行為は断続的であるために、十分な結果を得られないことが多いものです。

至誠というのは、常住坐《じょうじゅうざ》臥《が》、変わることなく、一貫して実行し続けることです。そうすることで初めて好結果が得られるのです。

モラロジーで教える最高道徳も、一時的に終わることなく、生涯にわたって実行を重ねることによって、その累積の結果が必ず表れてくるのです。

更生殿に掲げられたこの扁額の前に静座し、そのことを悟ることが、「始めて更生したと云《い》ひ得《う》る」（『更生殿説明書』）と、千九郎は教えています。

縦121cm・横38cm

絜矩之道

（けっくのみち）

大学

「絜矩」とは、「矩尺《かねじゃく》で計る」という意味です。この「絜矩之道」という句は、中国の古典『大学』「伝の第十章」の中に出てくる、人間の実生活の標準を教えた言葉です。

「所悪於上毋以使下所悪於下毋以事上所悪於前毋以先後所悪於後毋以従前所悪於右毋以交於左所悪於左毋以交於右此之謂絜矩之道」（上《かみ》に悪《にく》むところ以て下《しも》を使うことなかれ。下に悪むところ以て上に事《つか》うることなかれ。前に悪むところ以て後に先んずることなかれ。後に悪むところ以て前に従うことなかれ。右に悪むところ以て左に交わることなかれ。左に悪むところ以て右に交わることなかれ。此《こ》れを之れ絜矩之道と謂《い》う）

ここには、上に立つ人は、自分が下だったら嫌だと思うようなやり方で下の人を使ってはならない、下の人は、自分が上に立ったら嫌だと思うようなやり方で上に仕えてはならない、ということが書かれています。つまり、常に相手の

時には屋外に出て自然の中で授業が行われた

立場、相手の心を深く慮《おもんばか》って行動することが人として大切な標準（矩尺）であり、それが絜矩の道であると説いているのです。

　廣池千九郎は、この句を『更生殿説明書』において引用し、「上の人の下に向って為《な》す所が慈悲でないと見たらば、自分が上に立つ時には之を改め行ふ如《ごと》くせよと云《い》ふ事である」と解説しています。絜矩の道とは、忠恕《ちゅうじょ》（思いやり）と、惻《そく》隠《いん》（弱いものをいたわる）の心づかいと行いのことであり、これは慈悲心のはじまりであって、人間が真に幸福を享受することのできる最高道徳実行の実質であると教えています。

　さらに、肉体の苦しみや困難を持った人に対して、手厚い看護や慰安《いあん》をするなど、抜苦与楽《ばっくよらく》に尽力することがこの句の核心であり、それを理解し実行してこそ更生したといえると具体的な教訓を残しました。

縦150cm・横44cm

元亨利貞《げんこうりてい》

是人類進化の根本法則也　易

「元亨利貞」（元《おおい》に亨《とお》るも貞《ただ》しきに利《よろ》し）は、中国古典『易経』の「上経」の最初に出てくる言葉です。

「元」は大きいということで、宇宙の大いなる働き、すなわち万物生成化育の働きを生み出している根元。「亨」は通ずるということで、物事が思いどおりに運ぶ意味です。「利」は利益、幸福のことです。「貞」は単純な正義とは異なり、慈悲を含む正義を意味します。

『易経』の文言伝《ぶんげんでん》では「元亨利貞」の四字を四つの徳として解釈し、それを体得実行した人が君子であるとしています。以下にその書き下し文を示します。

「元は、善の長なり。亨は、嘉《か》の会《かい》なり。利は、義の和なり。貞は、事の幹《かん》なり。君子は仁を体し

道徳科学専攻塾の朝礼でのひとコマ

て以て人に長たるに足り、嘉をば会して以て礼に合するに足り、物を利して以て義に和するに足り、貞固《ていこ》にして以て事に幹たるに足る。君子はこの四徳を行う者なり」

「元亨利貞」は『易経』の中でも最《もっと》も重要な言葉であり、人間の歩むべき根本の道を示すものです。

廣池千九郎は、この言葉を、人類が進化するための根本原理であると教示しました。

つまり、私たち人間が、神の心である「慈悲寛大自己反省」の精神を体得し、人心を開発して救済するという最高道徳を実行したならば、その行いは宇宙自然界の働きに通じて、必ず幸福を得るにいたるという大法則を示した教訓なのです。

縦150cm・横44cm

亢龍有悔

是人間退化の重要原理也　易

（亢龍《こうりゅう》悔《く》い有《あ》り）

この言葉は、中国の古典『易経』に出てきます。

亢龍というのは、天上を極めるほど高く昇りつめた龍のことです。つまり、退くことを知らないこの龍は、やがてその驕《おご》りから勢いを失い、必ず悔恨《かいこん》の念が生じるという意味です。『易経』の〔象伝〕には「亢龍有悔盈不可久也」（亢龍悔い有りとは、盈《み》つれば久しかる可《べ》からざるなり）と説かれています。これは、盛んなるものは必ず衰え、満ちたものは必ず欠けるので、絶頂の状態を持続することはできないということです。

廣池千九郎は、このことについて次のように述べています。

「貪婪《たんらん》飽《あ》くことなき欲望心をもって権力もしくは金力を蓄積せんとすることは、実に自然の法則に反する罪悪であるのです。されば、かかる行為はおのずから人為の法則にも反して国家及び社会を害し、ついに滅亡に至るものなれば、聖人はいずれもみな深くこれを戒めてあるのです」（『論文』⑧四〇一ページ）

孔子の「宥坐の器」を紹介している『聖蹟図』（奥、1874年）と
『孔子事蹟図解』（手前、1805年）
廣池千九郎記念館蔵（針生清司氏寄贈）

そして、参考として「宥坐《ゆうざ》の器《き》」を紹介しています。これは、空のときは傾き、ほどほどに水を入れると水平となり、逆に入れすぎると覆《くつがえ》るという器です。

孔子は、魯《ろ》の桓公《かんこう》の廟《びょう》を参詣した際に、この宥坐の器を見て、「満ちて覆らない者はいない」と弟子たちに教訓したと伝えられています（『荀子』宥坐篇）。

宥坐の器は、人生におけるすべてのことにおいて、無理をすることや満ち足りることを戒め、中庸の徳、謙譲の徳の大切なことを教えているのです。

さらに千九郎は、自らの体験から「自己の力以上もしくは力一杯の事業を為す人は、最高道徳にて所謂《いわゆる》誠の人ではない」（『日記』④八六ページ）と書き残しています。

つまり、たとえどんなに善い行いであっても、自己に反省することなく、亢龍のように昇りつめるようなことでは、自然の法則に反し最高道徳にはならないと戒めたのです。

大学之道在明明徳

大学の道は神明の徳を明らかにし、且つこれを実行するにあり。

昭和十年一月　古稀老翁

（大学の道は明徳《めいとく》を明らかにするに在《あ》り）

この句は、中国の古典『大学』にある「大学之道在明明徳在親民在止於至善」（大学の道は明徳を明らかにするに在り、民を親《あら》たにするに在り、至善《しぜん》に止《とど》まるに在り）という文から引用したものです。扁額には、この句の後に、「大学の道は神明の徳を明らかにし、且つこれを実行するにあり」という廣池千九郎の注釈が書かれています。

　これは〝大学の道〟つまり学問および人間教育の目的を示しています。千九郎は、徳を積んで品性を高め、安心と幸福の人生を切り拓《ひら》く方法を学び得ることこそが人間教育の根本であるとし、物質や金銭を得る方法ばかりを教える知識偏重の教育を厳しく戒めました。実際に、昭和十年に開設した道徳科学専攻塾では、講義の場だけでなく、食事や掃除《そうじ》など日常生活のあらゆる場面に際して、道徳的な考え方や行動のあり方を自ら説き示しました。

　この扁額は、道徳科学専攻塾の食堂の正面に掲げられました。それは千九郎が、食堂も他の施設と同様に、重要な人間教育、人格教育の場と考えていたためです。扁額の下には、イギリスのパブリックスクールのハイテーブルに倣い、一段高い壇を設け、来賓や教員用のテーブルが置かれました。そして週に一度、「ディナー・パーティー」と称した夕食会を開いて、教職員と塾生全員が共に食事を楽しみ、食後には、千九郎の講義や名士の講話が行われました。

縦47cm・横376cm

千九郎は「すべて飲食は、もったいないしという心をもって処置すべし」「誠を尽くして苦労してこそ、馳走《ちそう》という」などと、食事や料理も人間教育の一環と考えて指導をし、自ら献立を考えたり、試食をするなど心を尽くしました。こうした指導の背景には、千九郎の塾生に対する深い愛情と慈悲の精神があります。若い塾生を思って、時には一品追加するよう命じたり、また地方に出かけたときには、美味《おい》しいものがあると、塾生分をまとめて買い求め、専攻塾の食卓に出させました。

まさに自ら〝大学の道〟を実践している千九郎の姿が垣間《かいま》見えるようです。

開塾当時（昭和10年）の道徳科学専攻塾の食堂。
正面に「大学之道在明明徳」の扁額が掲げられている

当時と同じ扁額が掲げられた現在の中央食堂。
麗澤中学・高等学校の生徒と、モラロジー研究所の講座やセミナーの参加者が利用している

以経説経

（経《けい》を以て経を説く）

「経」とは、聖人や賢人の教えが記された経書《けいしょ》や経《けい》典《てん》のことです。「経を以て経を説く」というのは、これらの教えを学ぶときに、注釈書や解説書などに頼らず、直接原典によることが最良の方法であるということを示した言葉です。こうした研究態度によって初めて、私たちは真理を正しく究《きわ》めることができるのです。

こうした研究法は、中国の考証学正統派の始祖とされる儒学者・顧炎武《こえんぶ》（一六一三〜一六八二）が提唱した学問的態度を表したものと言われています。

廣池千九郎はこの扁額を、道徳科学専攻塾の図書館に掲げました。千九郎はこの図書館の開設にあたり、自身が研究執筆のために長年かけて収集した内外の書籍三万二千冊余を収めています。中には入手が困難な貴重書も多数ありましたが、千九郎はあえて、当時まだ珍しかった開架式《かいかしき》の図書館とし、塾生たちが直接本にふれ、自由に閲覧《えつらん》できるようにしました。「教育というものは、まず優れた研究があり、立派な教授が揃《そろ》い、そして立派な文献が整っていることが大切」（『遺稿』）との考えがあったのです。

専攻塾の教育は、モラロジーの原理に基づいて、政治学、法律学、経済学の基本を講師が指導する「指導法」と、塾生自らが図書館を利用して学ぶ「自修法」という二つの柱によって行われました。

塾生たちは図書館を利用するたびに、掲げられた

縦44cm・横151cm

この扁額の教えを心に刻み、心あらたにして勉学に勤《いそ》しんだのです。

専攻塾時代の図書館で閲覧された千九郎の蔵書。
現在は、廣池千九郎記念館の書庫に保管されている

開塾当時（昭和10年）の道徳科学専攻塾の図書館

現在の麗澤大学（専攻塾の前身）の図書館にも、
この「以経説経」が掲げられ、千九郎の思想を継承している

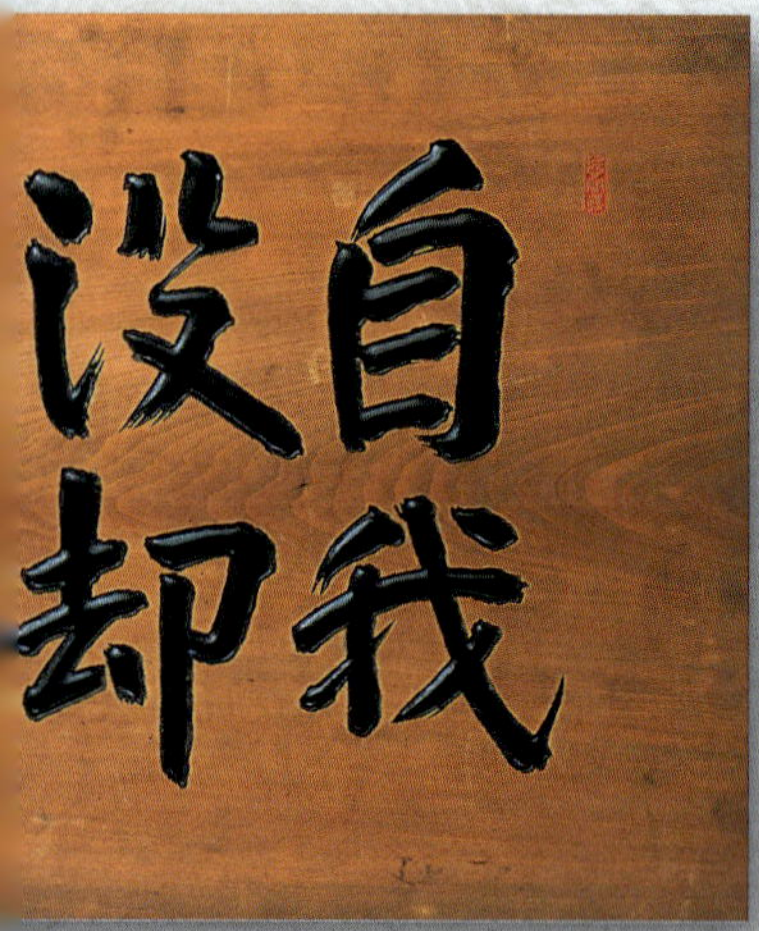

自我没却神意實現之自治制

（自我没却、神意実現の自治制）

廣池千九郎が開設した道徳科学専攻塾は、男女共学で全寮制という、当時としては珍しい学校でした。

千九郎は、専攻塾の教育方針を「モラロジーならびにその内容と実質とを形造るところの最高道徳の原理ならびに実行の方法を具体的に教授し、知徳一体の聖人正統の教育を施し、もって学生の最高品性を陶冶《とうや》養成せむとするものなり」（「道徳科学専攻塾開設の趣旨」昭和九年）としています。この根幹となる人間教育を効果的に行うため、塾生を敷地内の寄宿舎で生活させたのです。

寄宿舎の玄関には「自我没却神意実現之自治制」の扁額が掲げられました。

〝自我没却〟とは、私たち人間が持っている利己心を取り去ることです。〝神意実現〟というのは、神の心である慈悲心を体得実行することです。このことが真の意味での〝自治制〟であるという教えなのです。

つまり、規則や命令によって律せられたり、自分中心の考えで生活するのではなく、常に神の心を基本とし、神と自己との対峙《たいじ》を通して、自らを律していくことこそが、寄宿舎における共同生活の根本であるということです。

部屋長《へやちょう》や年輩者は、常に率先垂範《そっせんすいはん》の精神で、勉強だけでなく、清掃など共同生活の範を示しました。その後ろ姿に、後輩たちは感化されていったのです。このように、塾生は、最初から紳士淑女として迎え入れら

縦45cm・横120cm

開塾当時（昭和10年）の道徳科学専攻塾の寮

麗澤瑞浪中学・高等学校（左）、麗澤高等学校（右）の寮には、現在もこの扁額が掲げられている

れ、お互いに切磋琢磨《せっさたくま》して人格を高めていきました。

また、教職員も敷地内で生活をしていたので、食堂や浴場などでふれあう機会も多く、塾生の人間的な成長の支えとなりました。

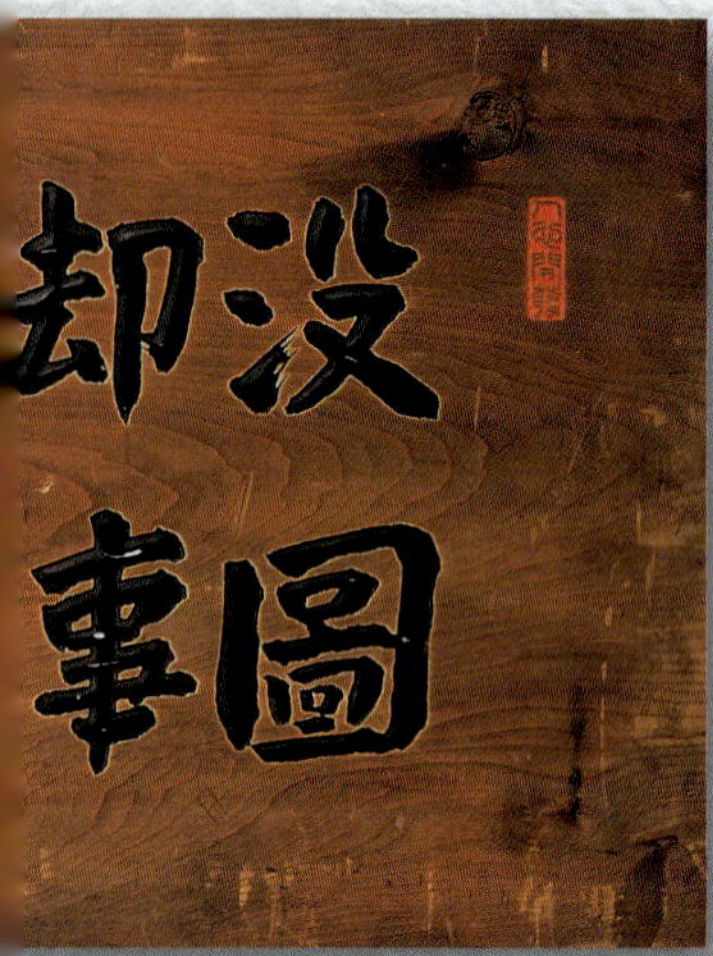

没却自我同化神意 圖事在人成事在天

（自我を没却して神意に同化す、事を図《はか》るは人に在り、事を成《な》すは天に在り）

この扁額は、『更生殿説明書』（昭和十年十一月刊）の中で、最初に紹介されている言葉です。

自我というのは、私たち人間が本能的に持っている利己心のことです。廣池千九郎は、この利己的な本能を取り去り（没却）、日々の行いや判断の基準を、世界の諸聖人が示した神意、つまり神の心（慈悲心）に同化するとき、初めて真の更生ができると教えています。「事を図るは人に在り、事を成すは天に在り」という語句は、中国の通俗歴史小説『三国志通俗演義』の逸話から引用したものです。

三国時代、蜀《しょく》の孔明《こうめい》（諸葛亮《しょかつりょう》）は、魏《ぎ》に対して兵を進めていました。ある日、敵将の仲達《ちゅうたつ》（司馬懿《しばい》）の軍勢が、蜀の武将・魏延《ぎえん》の策略にはまり、胡蘆谷《ころこく》に誘い入れられます。それを見た孔明は歓喜し、谷の出入り口を塞《ふさ》ぎ、部下の馬岱《ばたい》に命じて火を放ちます。以前から謀《む》反《ほん》の気があった部下の魏延を、孔明は仲達もろとも焼き殺そうと謀《はか》ったのです。ところがそのとき、突然、大雨が降ってきて火は瞬《また》く間に消えてしまいました。孔明は天を仰ぎ「事を謀るは人に在り、事を成すは天にあり」と深く嘆いたのでした。

このように、利己心に基づいた計画からは、

縦39cm・横105cm

良い結果を得ることはできないでしょう。

世界各国の史実を調査した千九郎は、この扁額を通して、物事の成否は、学力・知力・金力・権力のみによって決まるのではなく、自我を没却して神の心に一致した最高道徳実行の積み重ねと、祖先以来の累積の徳の多少にあることを教えているのです。

木漏れ日の中を歩く専攻塾生。豊かな自然環境の中で、日々、思考を深めていた

縦120cm・横36cm

黄帝尭舜垂衣裳而天下治

易 繋辞下

右安全統治の原理

（黄帝《こうてい》堯舜《ぎょうしゅん》衣裳《いしょう》を垂れて天下治まる）

この句は、中国の古典『易経』の「繋辞下伝《けいじかでん》」にあるものです。「黄帝尭舜垂衣装而天下治蓋取諸乾坤」（黄帝堯舜、衣裳を垂れて天下治まる。蓋《けだ》し諸《これ》を乾坤《けんこん》に取る）

これは、「黄帝、尭、舜は、衣冠を整えて政務に携わらなくても、天下は自然に治まった。これこそが乾坤、つまり天地の法則にしたがって民衆を感化した」という意味です。

黄帝、尭、舜は、中国の神話伝説の時代に出てくる帝王で、人々から聖人として崇《あが》められるほど仁徳が高かったとされています。

指導的立場にある人が神の心である慈悲心を体得し、天地の法則に従っていたならば、天下は自然に治まるという教えです。

世の中の多くは、指導的立場にある人も、そうでない人も、利己的な本能にとらわれていることに気づかず、自分の福利のみを考えて行動しているといえ

開設まもない道徳科学専攻塾を訪れた孔子第71代の裔孫・孔昭潤の一行（昭和10年5月）。
この来訪は聖人の教えを学ぶ塾生にとって大きな励みとなった

ます。その結果、いくら努力しても家や団体が治まることなく、安心のない不安定な生活を送っているのです。

廣池千九郎は「更生殿説明書」の中で「この真理を覚《さと》った人が真に更生した人である」と記しています。そして、千九郎自身が、利己的本能を取り去って至誠慈悲の心で人心を救済したために、病気の身体であっても、万事が順調に進んでいるという自らの体験を紹介し、この教えが偽りでないと訴えています。

千九郎が創立した道徳科学専攻塾は、モラロジー教育によって、社会の木鐸《ぼくたく》たる人材を育成することをめざしていました。塾生たちが最高道徳を体得し、身を修め家を斉《ととの》え、社会や国家が自然に治まっていくことが、世界平和への最良の道であり、世の中を安全に統治する原理であると教えたのです。

縦120cm・横36cm

仁者以財發身
不仁者以身發財
右幸福実現之原理
大学

仁者以財發身不仁者以身發財

大学

右幸福実現の原理

（仁者《じんしゃ》は財《ざい》を以て身を発し、不仁者は身を以て財を発す）

この句は、中国の古典『大学』「伝の第十章」にある次の文から引用したものです。

「仁者以財發身不仁者以身發財未有上好仁而下不好義者也未有好義其事不終者也未有府庫財非其財者也」（仁者は財を以て身を発し、不仁者は身を以て財を発す。未《いま》だ上《かみ》仁を好みて、下《しも》義を好まざる者は有らざるなり。未だ義を好みて其の事終わらざる者は有らざるなり。未だ府庫《ふこ》※の財、其の財に非《あら》ざる者は有らざるなり）

この意味は、仁徳を身につけた人は財産を人々のために使うことによって身を立てるが、仁徳のない人は自分の欲望のためにのみ財を蓄える。いまだかつて上の者が慈《いつく》しみを好んで、下の者が正しい行いを好まなかったことはない。いまだかつて正しい行いをして物事が成就《じょうじゅ》しなかったことはない。正しい行いによる財産が人の役に立たないようなことはない、というものです。

※（「府」はくらの意）貨財をおさめ入れておく蔵

道徳科学専攻塾では、食堂での奉仕作業も大切な学びの場であった

　廣池千九郎は、利己心にとらわれたまま、自分中心の心で生きているような人を、思いやりの心がない不仁者であると言っています。このような人は、利己心を満たすためだけに富を求めるため、家族や従業員などを苦しめ、その結果、幸福になるどころか、自分の健康を害し、周りにさまざまな問題や紛争を起こすことになります。

　ところが仁者、つまり最高道徳の実行者は、常に神の慈悲の心をもって人々の心身を幸福にするためにのみ財力を用いていますから、自然に周りから尊敬されるようになっていくのです。

　千九郎は、これこそが幸福を実現するための原理であり、この原理が理解できない人は、人生の標準が立たないので、いくら財力を用いても〝普請《ふしん》の足場〟（三八ページ参照）つまり一時的な犠牲で終わってしまうと強く戒めています。

以天地之公道開発人心
従天地之法則没
却自我則億兆
一心大事成就
泰誓上武王之語参照
幹堂識

（天地の法則に従って自我を没却すれば
則《すなわ》ち億兆一心となり大事は成就す）

この語句の意味は次のようになります。

「天地の法則（神の心）に従って、自我（利己的な本能）を没却すれば、すなわち、億兆の心は一つとなって、大事を成就することができる。これは、天地の公道によって人心を開発する（道徳心を植え付ける）ことが基本である」

次に、参照としている「泰誓上《たいせいじょう》※の武王《ぶおう》の語《ことば》」というのは、中国最古の歴史書『尚書《しょうしょ》』の中にある「周《しゅう》書《しょ》」の「泰誓」のことです。

これは、紀元前一〇〇〇年ごろ、周の武王が殷《いん》の紂王《ちゅうおう》を征伐するにあたり、隣邦の諸侯や部下に対して述べた宣誓の言葉です。

この中で武王は、「殷の紂王がたいへんな暴君で、天を敬うことなく、酒色におぼれ、暴虐の限りを尽くして民を苦しめている。そのため天が怒り動き、紂王を討たしめるに至った」と語っています。

そして、「天は下民を助けるために、君主を立てて治めさせ、師を立てて教えさせるのである。そうであるから君主たるものは上帝を助けて、四方の民を恵み安んじなければならない。力を同じくする時は徳による。徳を同じくする時は義による。紂王には億万の臣下がいるが、億万の心がばらばらにあるだけである。私の臣下は三千しかいないが、みな心を一つにしている。紂王の罪は充《み》ち満《み》ちているので、天は私に命じて誅殺《ちゅうさつ》させるのである。もし私が天の

※千九郎は『論文』⑥（34〜35ページ）に、この「泰誓上」を引用している

縦59cm・横61cm

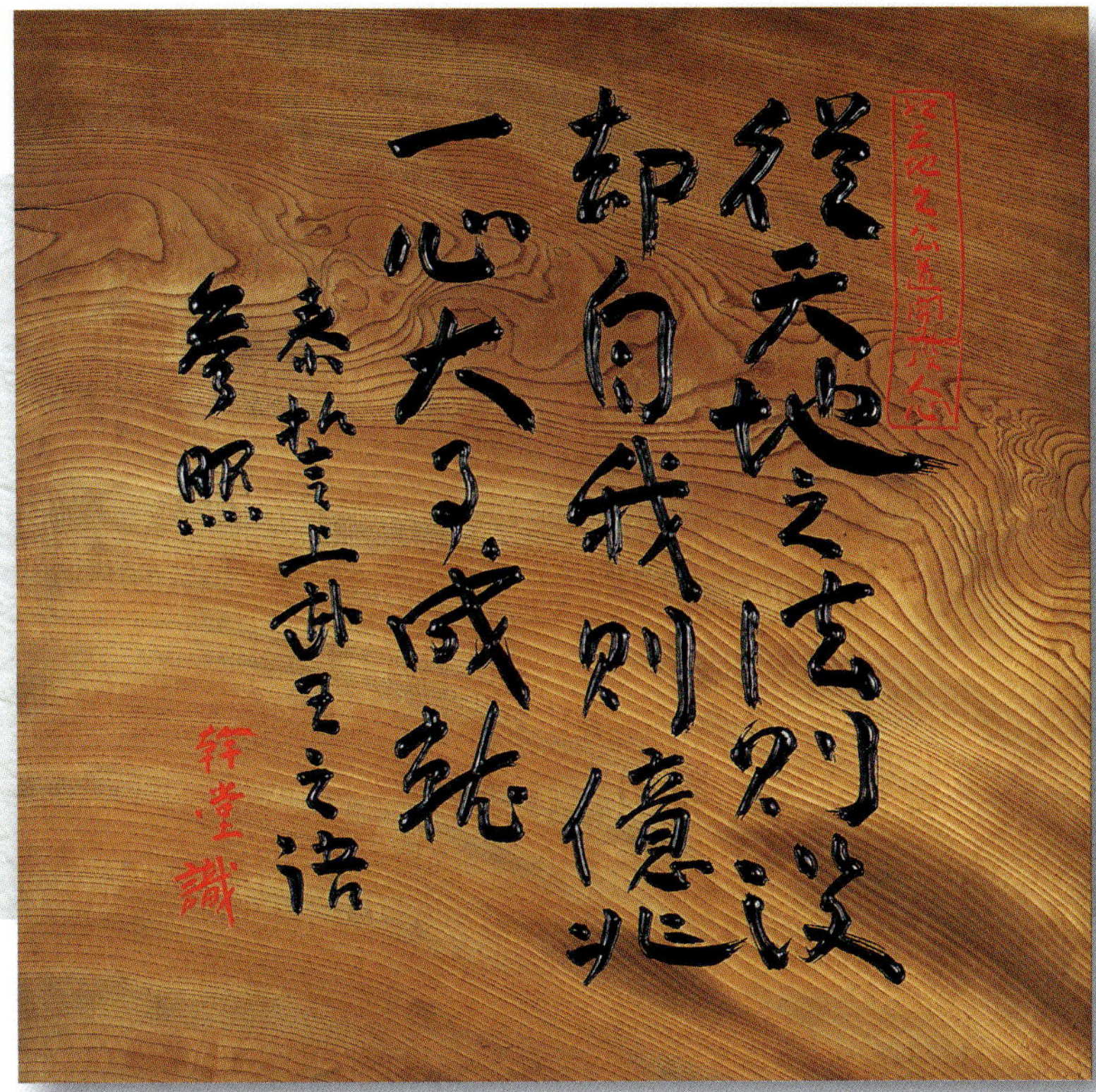

開塾間もない道徳科学専攻塾を訪れた斎藤実前首相。千九郎は、世界平和の実現のために、要人に対して提言を頻繁に行った

談話する斎藤実（左）と千九郎。テーブルの上にあるのは『道徳科学の論文』

志に従わなかったら、その罪は紂王と同じになる」（要約）と宣誓して戦いに臨みました。

天命に従った武王は、兵力では劣《おと》っていたものの、紂王の大軍を見事に討ち破り殷を滅亡させます。そして周王朝を創立し、所期の大事を成し遂げたのです。

廣池千九郎は、この扁額で、大事を成就させるには、天地の法則に従って自我を没却することが根本であると教え示したのです。

指導階級重要注意

一、雨天の下駄と為る勿れ
一、普請《フシン》の足場《アシバ》と為る勿れ
一、暗夜の提灯《チョウチン》と為る勿れ
右一時的に形の上に役立つ事を自負して顛落する戒め也
神様の御心に同化せず傳統を思ハず慈悲至誠真の人心救済の精神を失ひ自己の利己的本能によりて行動せバ單に事業の蹈台《フミダイ》と為るのみにて最後の安心幸福に到達するを得ず
モラロヂーの父特に神の慈悲心によりて之を記す

「雨天の下駄《げた》」とは、雨が降ったときに、足元が濡《ぬ》れないために下駄が重宝されるということです。しかし、雨が止むと下駄のことなど忘れられてしまいます。

「普請の足場」とは、建築や土木工事の現場で、作業のために組み立てられる仮設の足場のことです。工事中は重要なこの足場も、工事が終了すると取り外されてしまいます。

同じように、夜道を歩くのに必要な「暗夜の提灯」も、明るくなれば用をなさないものになってしまいます。これらは、いずれも便宜的、一時的なものであるという喩《たと》えです。

廣池千九郎は、いくら道徳的な行為であっても、利己的な本能によるものは、一時的に役立つことがあっても、最終的に安心と幸福を得ることはできないと強く戒めています。

千九郎が設立した道徳科学専攻塾は、モラロジーに基づく知徳一体の教育によって、国家社会に真に有用となる人材を輩出することをめざしました。

指導的立場になる者は、神の心に同化して最高道徳を実行しなければならない。

縦59cm・横61cm

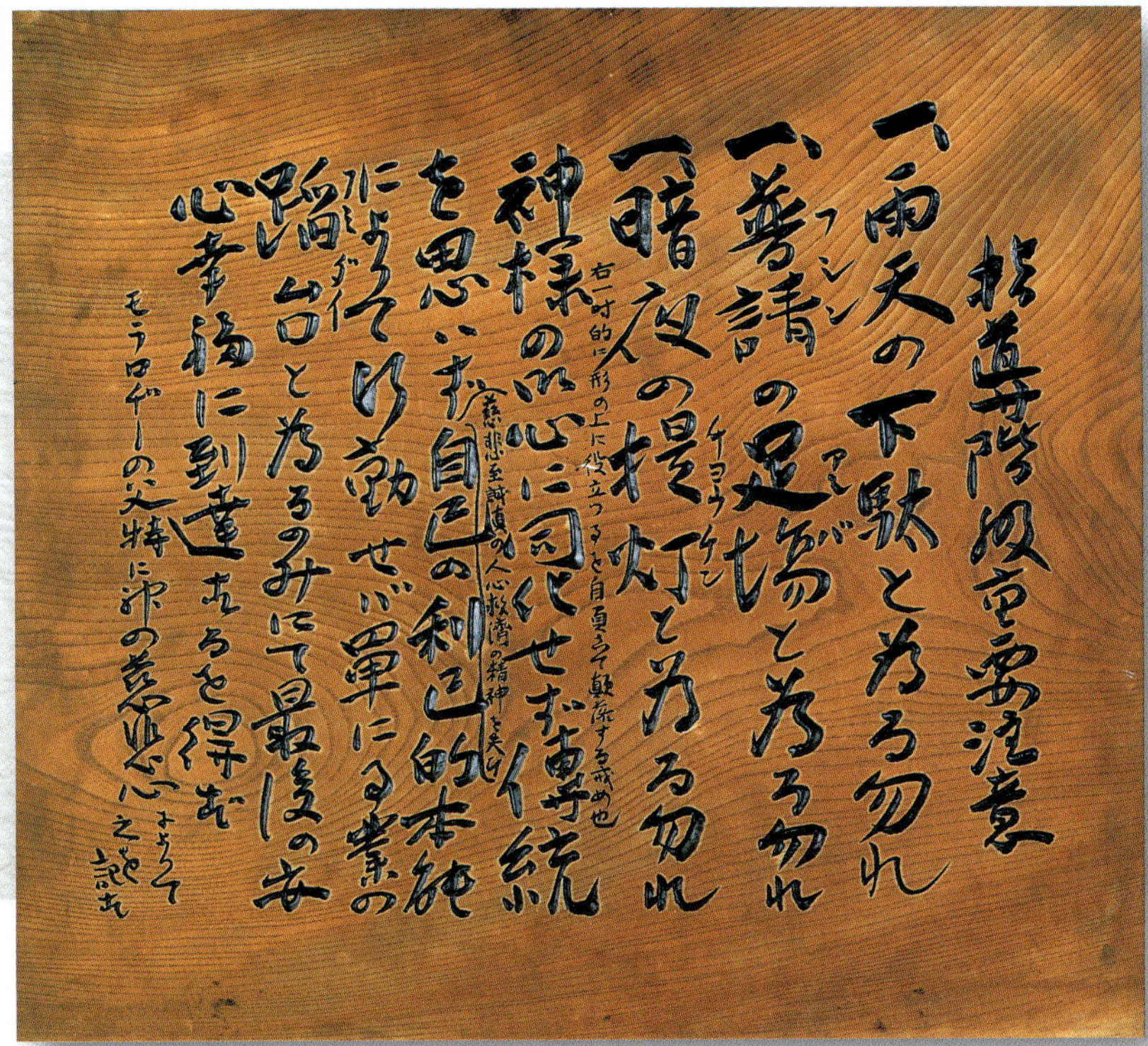
一、雨天の下駄と為る勿れ
一、普請の足場と為る勿れ
一、暗夜の提灯と為る勿れ

賀陽宮恒憲《かやのみやつねのり》王殿下のご進講に際し、フロックコートで正装した千九郎（昭和12年7月）

昭和12年12月20日、前文部大臣の安井英二《やすいえいじ》（中央）が来塾。長時間にわたり教育内容を視察した

それによって、永久の安心と幸福を得ることができるという重要な教訓です。

正統と異端との別

永遠に真正に人間の安心平和及び幸福を実現する原理法則及び方法が道徳上の善である　而してこれが宇宙の法則即ち最高道徳で之に反するものが悪である　正邪判別の標準厳然たり

以上

廣池千九郎は、人類の生存・発達・安心・平和・幸福を願って、大正十五年（一九二六年）に『道徳科学の論文』を著し、新科学としてモラロジー（道徳科学）を提唱しました。

モラロジーは、「第一は古来人類の実行してきたところの因襲的道徳の実行の効果を科学的に証明して道徳実行の権威を明らかにすることと、第二は古来世界における諸聖人の実行したところの最高道徳の性質及びその実行の効果を科学的に説明すること」（『論文』①五七ページ）を目的とした学問です。

千九郎は、このモラロジーを確立することによって、「正統と異端との別」、つまり、物事の正邪・善悪を区別する標準を示しました。

ここでいう「正統」とは、キリスト、釈迦《しゃか》、ソクラテス、孔子といった聖人の知識・思想・道徳・信仰上に共通一貫している原理のことです。これが最高道徳であり、幸福を実現する法則なのです。

最高道徳は、自分のなすことが、自分のためだけでなく、相手のためにも、第三者のためにもなる心づかいと行いであ

縦59cm・横60cm

り、それがひいては国や社会の繁栄につながるものとなります。

千九郎と懇談する若槻礼次郎

昭和11年7月、元首相・若槻礼《わかつきれい》次郎《じろう》が道徳科学専攻塾を訪れ、大講堂の演壇に立った

正統物質生活法

自然の法則に本づく自給自活の原理によりて衣食住其他すべての物質生活を営むべし妄りに自ら進んで異端に支配せられ又異端と故らに結んで迷惑すべからず

以上

ここには、私たちが物質生活を営むうえでの教訓が書かれています。

人間の生活は、精神生活と物質生活の二つに大きく分けることができますが、このことについて廣池千九郎は、著書『道徳科学の論文』の中で、次のように記しています。

「精神生活の原理は道徳であり、物質生活の原理は経済であります。しかしながら、精神生活の原理たる道徳と物質生活の原理たる経済とは、これを本質的に考察するときには、ともに天地自然の法則すなわち最高道徳に基づくべきものであって、究極においては一体両面のものであります」（『論文』⑧六一ページ）

千九郎の説く最高道徳は、世界の諸聖人の教説と事跡に共通一貫する道徳原理であり、天地自然の法則そのものです。

私たち人間は、この天地自然の一部として生かされている存在です。したがって、精神生活の原理である道徳に違背《いはい》することが不道徳であるのと同じように、物質生活においても、聖人の教え示した経済の法則を無視して、利己的本能のおもむくまま、欲望を満足させるような行為は不道徳になります。

千九郎は、〝道徳と経済は一体であり、物質生活も精神生活と同様に、最高道徳に基づい

縦60cm・横60cm

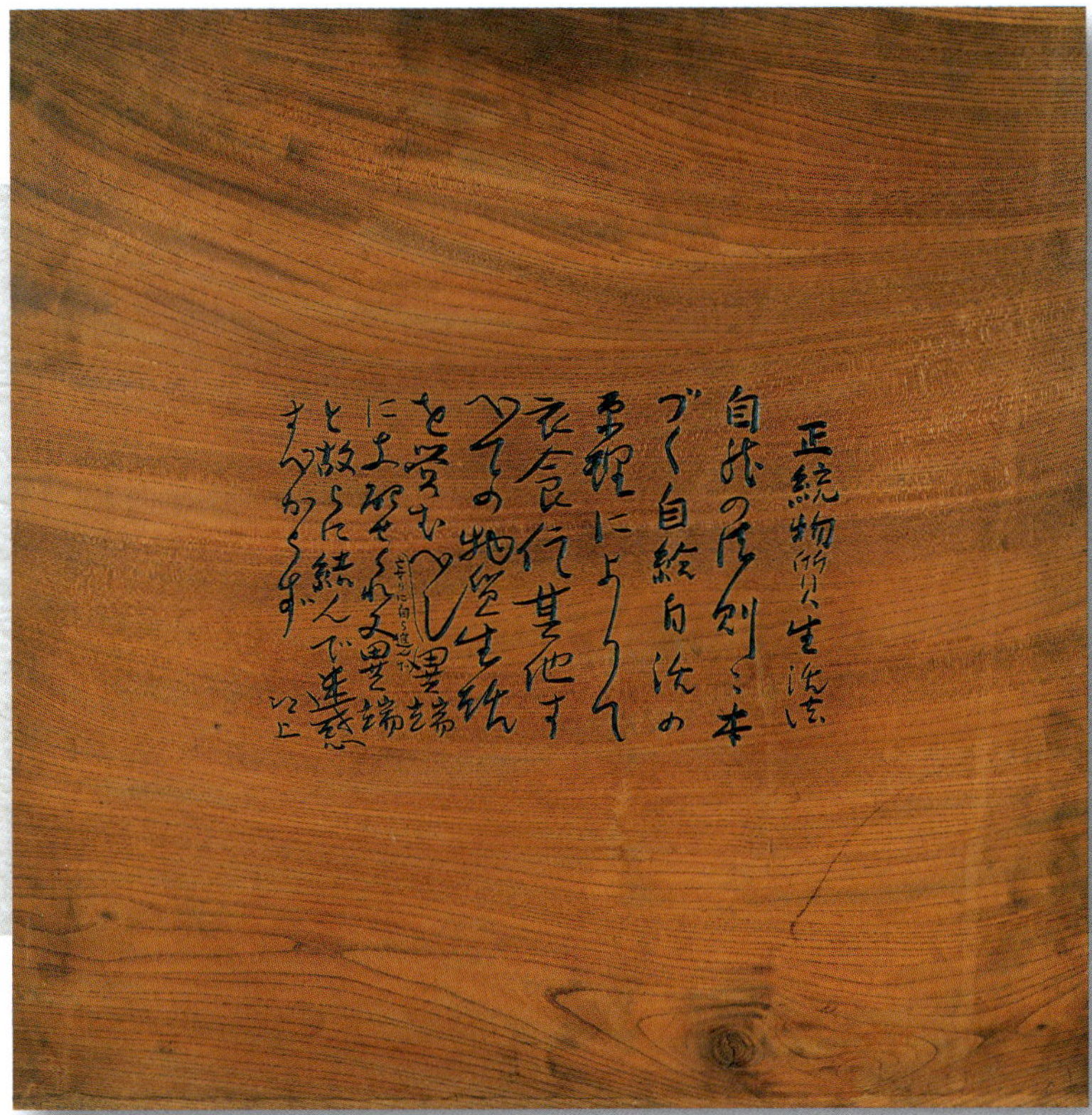

て営まれなければならない〟と教えているのです。

昭和12年10月、賀陽宮ご一家は再度訪れ、専攻塾の教育をつぶさにご覧になった

昭和12年4月、道徳科学専攻塾を訪れた賀陽宮恒憲王殿下ご一家。この後、千九郎は10回にわたってご進講を行った

入浴規則

一、入浴の方法は特質第九章記載の原理に本づき他人に迷惑をかけぬ為め十分に入浴前に全身を洗ひ然る後浴槽に入るべし

一、浴槽《ユオケ》の湯を肩にかけて手拭にて全身をこすり（石鹸を附けてもよし）十分に垢《アカ》を落して後入浴すべし

一、槽《ユオケ》内にては只身体を温むるに止むべし

一、ヒゲを浴槽内にて剃《ソ》るを禁ず

一、石鹸を用ひたる時は能く之を洗ひ落して入槽すべし

一、浴室にて小便すべからず

一、此他すべて最高道徳の原理によりて行動すべし

昭和十年四月一日　塾長　自記

この入浴規則の掲板は、道徳科学専攻塾の浴場に掲げられたものです。

最初に書かれている『特質』というのは、千九郎が、昭和五年に『新科学モラロジー及び最高道徳の特質』と題してレコードに録音した内容をもとに編集発行した同名のモラロジーテキストのことです。

その第九章は「最高道徳に於《お》ける最高品性を形造る順序」という項目で、従来の道徳、慣習、制度、法律などを厳守し実行しなくては、最高道徳に進み得ないと、廣池千九郎は具体的な例を挙げて説いています。

当時の専攻塾は、午後の授業が終了すると、本科生も別科生も奉仕作業を行いました。開設して間もないため、敷地内の道路やグラウンドの整備、さらには建物の建築作業を手伝いました。

奉仕作業は、強制的な労働ではなく、道徳の体得と実践の場として、学科の授業と同等またはそれ以上に重んじられました。塾生たちも、専攻塾の建設に関わることに誇りと生《い》き甲斐《がい》を感じ、喜々として働きました。

作業を終えた塾生たちは、入浴規則の教えに従い、その身体の汚れを十分に洗い流してから湯船に浸かりました。そのため、浴槽のお湯は最後まできれいだったといいます。

縦59cm・横61cm

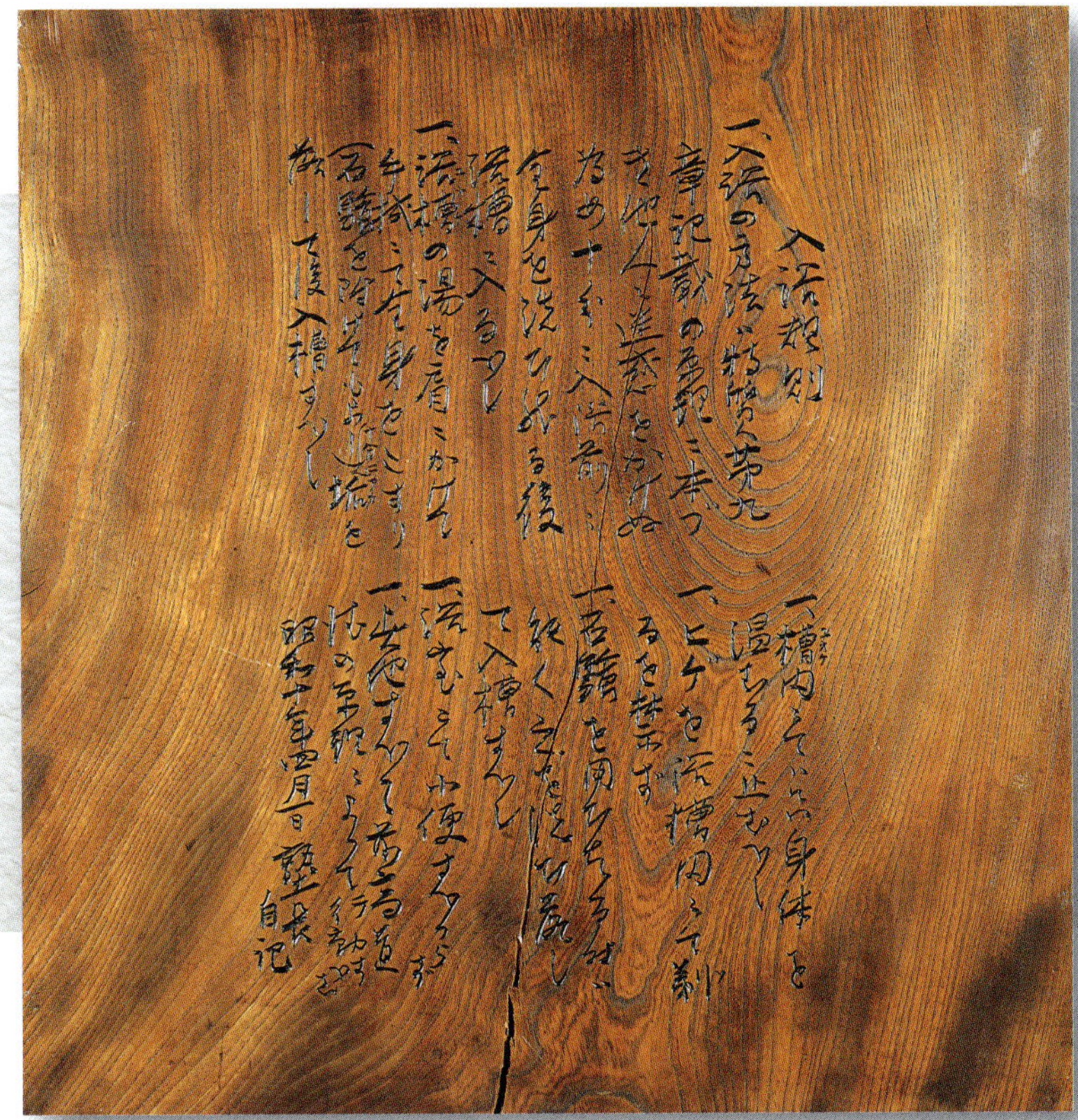

開塾当時（昭和10年）の道徳科学専攻塾の浴場

旧水戸街道に面した第一門

奉仕作業をする塾生たち

常に後の人を思いやるという行為は、塾生たちの心に道徳実行の喜びを生み、作業の疲れはより癒《いや》されたことでしょう。

用便規則

一、大小便共に注意して絶対に汚物を汚穴外に附くべからず

一、万一過失の時には懐中紙を出して能く之を拭《フ》き取るべし

一、此他すべて最高道徳の原理によりて行動すべし

昭和十年四月一日　塾長　自筆開示

この「用便規則」は、前出（四四ページ）の「入浴規則」と同様、廣池千九郎が道徳科学専攻塾を開設した際、寮に掲げられたものです。

寄宿舎などで共同生活を送るうえで、便所は特に汚れやすい場所です。便器やその周辺が少しでも汚れていると、後から使用する人や掃除をする人がたいへん不快な思いをします。

しかし、この規則に書かれているように、ほんのわずかな注意を払いさえすれば汚すことなく、きれいに使用できるものです。そして、たとえ汚してしまっても、速やかに処理すれば、他人に不快な思いを与えることはありません。

ところが、この誰でも知っている当たり前の行為ですら、なかなかできない人が多いものです。それが、人間の弱さであり、利己心の現れといえるでしょう。

千九郎が、専攻塾教育の根幹としたモラロジーは、最高道徳の実行によって品性の完成をめざし、ひいては国家社会を平和に導こうという学問です。これは、単なる理想ではありません。人間として当然行わなければならない一般的な道徳

縦38cm・横54cm

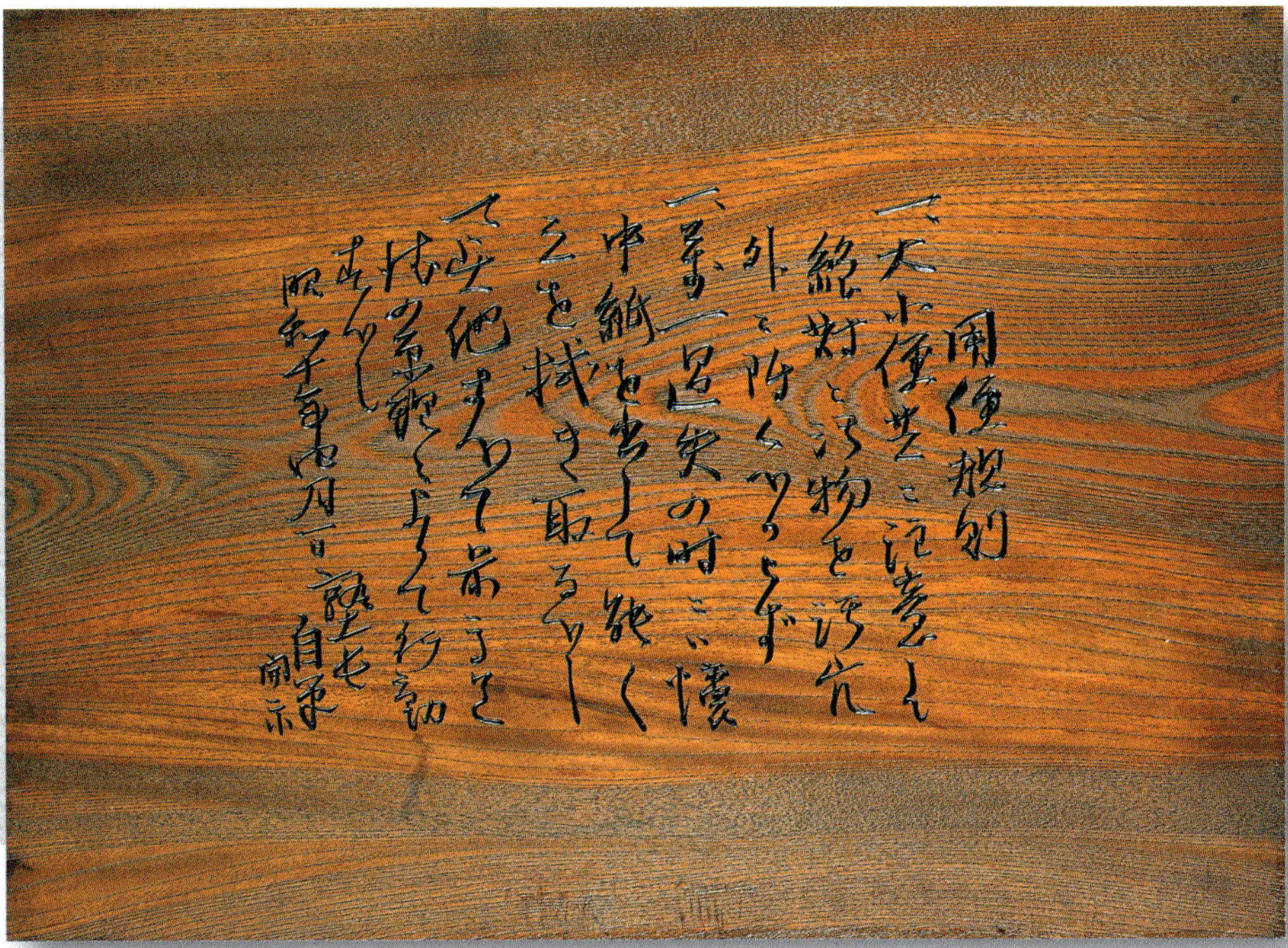

大講堂に向かう千九郎

専攻塾の寮で、ラジオ放送を楽しむ塾生たち

を、ひととおり実行できなくては、最高道徳に入ることなどできないと千九郎は教えています。

そして、これらの道徳を形式的に行うのではなく、その精神を神の心に一致させる、すなわち「慈悲の心」ですることによって最高道徳となり、その実践を通して自らの品性が高まり、国家社会に貢献できるのです。

資料編・廣池千九郎が著した言葉……

ここでは、廣池千九郎が著した言葉の中から各掲板の語句について触れている箇所を抜き出しています。

「修天爵而人爵従之」

この教訓は『孟子』〈告子章句ノ上〉に「孟子曰有天爵者有人爵者仁・義・忠・信楽善不倦此天爵也公・卿・大夫此人爵也古之人修其天爵而人爵従之今之人修其天爵以要人爵既得人爵而棄其天爵則惑之甚者也終亦必亡而已矣（下略）」とある句の一部分にして、道徳を天爵となし、名利を人爵と説いてあります。

今、これを聖人純粋正統の思想より観れば、天爵は最高道徳の実行に本づく人間の最高品性にして、人爵は利己的本能に合するところの名利の地位及び物品であります。

聖人の教えは宇宙自然の法則すなわち人類進化の法則でありますから、まず各人に最高品性を完成させ、その結果自然に人爵を得させ各人をして真の安心、平和、幸福の生活に進化させようとするのであります。

然《しか》るに世界の人類は、聖人の教説ならびに人類進化の原理に反し、天爵を修めず、ただちに人爵の獲得に突進してことごとく失敗し、たまたま一時成功するもついに没落を免れず、貴族、富豪、資本家、地主を始めあらゆる階級皆ついに退化するのであります。

よって本講堂においてはモラロジーの原理を講述して、全世界の人類をして畏れ多くも日本の皇室のごとくに万世不朽の幸福を実現させようとするのであります。

（『旧紀要』第二号）

「麗澤ハ太陽天ニ懸里て万物を恵み潤ほす義也」

当掲板に関して触れている廣池千九郎の直接の言葉は、現在のところ記録を見つけるに至っていません。

左は、昭和十二年正月に記された書です。

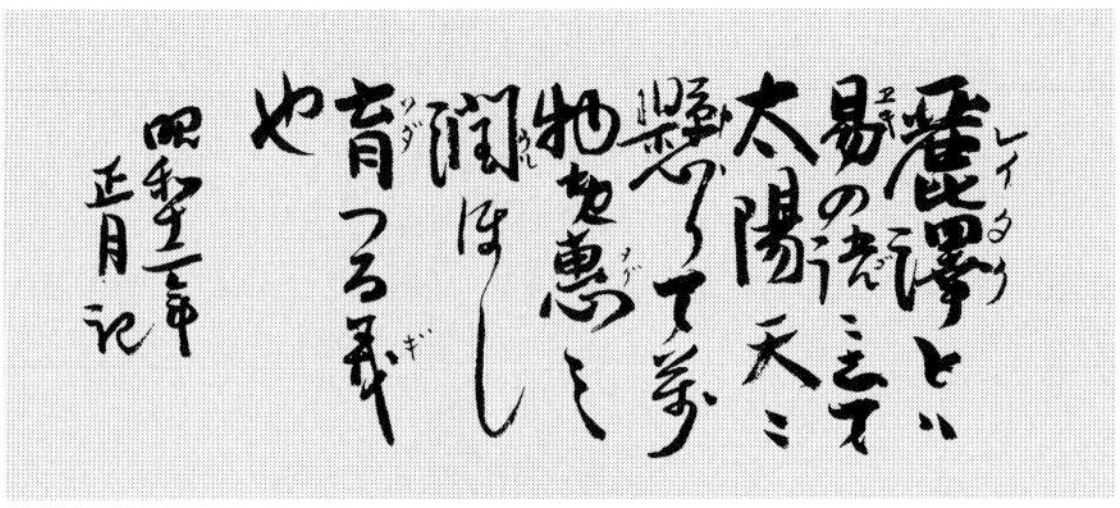

「苟日新日々新又日新」

湯《とう》〈殷《いん》の湯王〉の盤《ばん》の銘《めい》〔中国にては器物に格言を記する風あり〕にいわく、「苟《まこと》に日に新たなれば日日《ひび》に新たにしてまた日に新たなり〔日々に聖人の教えに従って生まれ更《か》わって新しくなって進むことなり。すなわち「自《みずか》ら彊《つと》めて息《や》まず」に当たる〕」。

（『論文』⑨一一九ページ）

『大学』の伝の二章に苟日新日々新又日新とありますが、これは最高道徳によりて精神を研《みが》き上《あ》げて、日々その慈悲至誠人心救済の心を進めていけば、その好運命は日々に進んで、幸福になるということであります。

（「更生の原理方法及び其効果」）

「徳潤身心廣體胖」

『大学』の伝の六章に徳潤身心広体胖〈徳身を潤《うるお》せば、心広く体胖《ゆた》かなり〉とあります。これは最高道徳を実行して徳を積めば、心身共に滋養が出来てその心は広く寛大になり、その肉体は大きくなり肥えて、健康長命となることを教えられたものであります。

（「更生の原理方法及び其効果」）

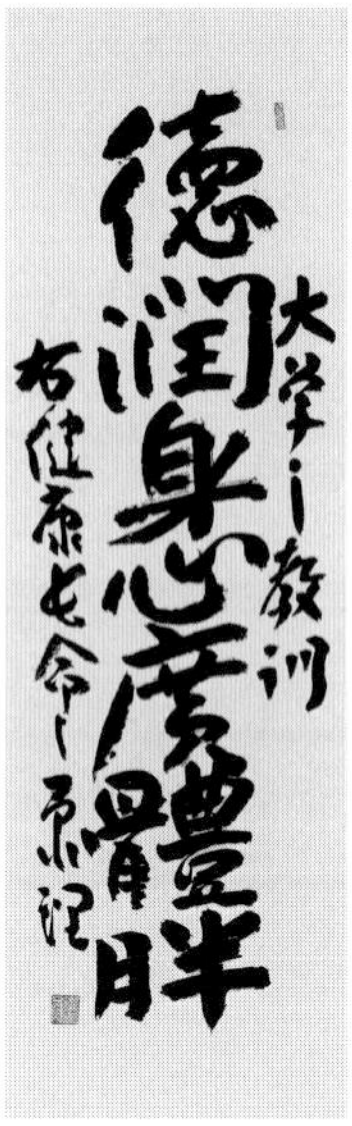

「更生殿」

更生殿　更生殿の殿を「デン」と読むは憚《はばか》りあるが故に、「コウセイドノ」と読むべし。湯殿を「ユドノ」と読むに同じ

「更生」とは英語のコンヴァーション（Conversion）に当たり、回心《かいしん》などと同意義の語であって、人間が動物の種族より真の人間に精神的に生れ変わることを意味す。彼《か》のいわゆる形の上の転向《てんこう》《むきなおる》とは全《まった》く異なる。（中略）

すべての人間と動物とが同種類であることはあらゆる自然科学の証明するところである。故に志あるものはなんとしてもこの動物の域を脱して神意に合《がっ》し、真の人間とならねば、真に永久の安心、平和及び幸福は得られませぬ。

そこで更生の根本原理は、人間固有の利己的本能を神の性質たる慈悲至誠の上に立つ人心救済の精神に生れ更《か》わらすることであるので、これによりて人間の精神は一変し、したがってその運命もまた一大変化をなして万世不朽の家運を造るに至るのであります。されば更生とはつまり自分の天性、自分の性分《しょうぶん》〈天性と同じ〉、自分の嗜好《しこう》《このみ》、自分の癖《くせ》等一切を改めて天地の法則〈神の心〉に合するようにすることであるのです。

（「更生殿説明書」第一章）

「至誠無息」

この句は『中庸』〈第二十六章〉に「故至誠無息不息則久久則徴徴則悠遠悠遠則博厚博厚則高明博厚所以載物也高明所以覆物也悠久所以成物也博厚配地高明配天悠久無疆如此者不見而章不動而変無為而成天地之道可一言而尽也其為物不弐則其生物不測天地之道博也厚也高也明也悠也久也」とあるものにて、古代の聖人が最高道徳実行の一大要件として示されたところの教訓であります。

そこでまず少しくこれを説明せむに、「至誠」とは利己的本能を混ぜざる純真なる神の御心すなわち神の慈悲心のみを指す語にてかつこれを用うる場合に私心を混ぜずに邁進するということをも意味する語である。次に人間はすべてたとい悪人にても道徳的本能がありますから、生涯に数回ないし数十回善を行うことがないではないけれど、その行うところ断続常なく、その善の量が悪の量より少ないがために悪人もしくは凡人といわるるのであります。

故に最高道徳にても最高道徳を断続的に行うだけにてはその効力が薄いので、日夜これを続けかつ生涯これを続けて行わねばならぬのである。万一かくのごとくならばその累積の結果は健康、長命、開運ならびに万世不朽の家運を打開するに至るべしとの教訓であるのです。

およそ人間が我が精神を至誠慈悲にすることと終始これを一貫して行うこととで、はじめて人間に万世一系のごとき偉大な運命が出来るということを覚《さと》るを得て始めて更生したと言い得るのである。

（「更生殿説明書」第三章）

「絜矩之道」

本文は『大学』〈伝の第十章〉に「所謂平天下在治其国者上老老而民興孝上長長而民興弟上恤孤而民不倍是以君子有絜矩之道也所悪於上毋以使下所悪於下毋以事上所悪於前毋以先後所悪於後毋以従前所悪於右毋以交於左所悪於左毋以交於右此之謂絜矩之道」とあるものにて、忠恕《ちゅうじょ》《おもいやり》、惻隠《そくいん》《よわきをいたわる》の心、行いを絜矩《けっく》の道と申したのであります。

すなわち、たとえば上の人の下に向かってなすところが慈悲でないと見たらば、自分が上に立つときにはこれを改め行うごとくせよということである。しこうしてこの忠恕、惻隠は仁《じん》すなわち慈悲の始まりにて真に人間の幸福享受の実質であるので、結局かかる最高道徳の実質的な深い痛切な道徳の実行を絜矩の道と申すのであります。

これに就きまして今少しく私の体験を述べて後人反省の資料に供しておきましょう。それは今日モラロジーに救われ、その報恩のためとしてご自身親《みずか》ら人心救済のために各地方にて無我の努力をなしつつある会員諸君は、数千人の多きに達しておりましょうが、さて私の痼疾《こしつ》の病勢増進と人心救済の仕事のうえからくる日々の疲労と老衰の苦痛とに対して、これを等閑《とうかん》《なおざり》に付しておるのではなけれど、真にこれを惻隠するものに至っては寥々《りょうりょう》《かずすくなく》として稀《まれ》なること晨星《しんせい》《よあけのほし》のごときであります。

しこうして私は私の身辺にいる二、三の青年と少女との手によりて看護せられておる有様であるが、私はこれにて満足しておれど忠恕、惻隠、慈悲の実質中の核心とも申すべきものは人間の身辺における肉体の苦痛もしくは事故上の困難に対してこれを看護し介抱し慰安し、かつその抜苦に対して努力することであることであるのですが、尋常人はもちろん最高道徳を聴いて指導階級にのぼっておる人でもこういうことを切実に感じておらるる人は乏しいのであります。

しこうしてこの痛切な深い道徳実行上の真理を体得するとせぬとは、その人の将来における徳の大小を定むる標準となるのであります。されば、つづまるところはこの真理を絜矩の道と申すのであります。故に人間はこの絜矩の道を理解してこれを実行するに至って始めて更生したのである。ただモラロジーを聴いて若干の最高道徳を実行し、もって人心救済をいたしておるというだけのことでは、まだ真に更生して絜矩の道を十分に歩んでおるものとはいい得ぬのであります。

すべての人間は学力、智力、権力、金力をもって治国、平天下の規矩《きく》《ものさし》、準縄《じゅんじょう》《ます、はかり》すなわち規則と考えておれど、それは誤りにて前記のごとく最高道徳の発足点にして、かつその核心たる忠恕、惻隠、慈悲の心をもって身を修め、家を斉《ととの》え、国〈地方〉を治め天下〈日本とか支那とか〉を統一するのが絜矩の道すなわち真の人間実生活の規則《じょうぎ》であるという一大教訓であります。

故に返す返すも申しますが、こういう人間実生活の根本問題を覚った人が動物から真の人間に更生した人であるので、しこうして人間がかくのごとくに更生して、はじめて真の永久の安心、平和及び幸福を得るのであります。

（「更生殿説明書」第四章）

「元亨利貞」

『易《えき》』の乾卦《けんか》に元亨利貞〈元《おお》いに亨《とお》りて貞《てい》なれば利あり〉ということあり。貞は正しいという字であれど正と異なりて慈悲を含む正義であるのです。されば慈悲であれば大いに八方に通じて、利益を受くるということであるのです。更生は正《まさ》に不正もしくは正義より変化して慈悲を含む正義になることであるのです。かくて人間が始めて天地の公道に合して安心、平和及び幸福になり得《う》るのであります。

（「更生の原理方法及び其効果」）

最高道徳は神の慈悲の上に立てる正義ではなくては、これを認めぬのであります。すなわち聖人の教えにいわゆる『易』の「元亨利貞」の貞〈貞は神の慈悲の上に立つ正義にて情理円満の意〉でなくてはなりませぬ〈元亨利貞とは貞なる時には大いに通じて幸福となるということ〉単なる正義はいわゆる硬直であるので『易』の「亢龍有悔（こうりゅうくいあり）」の亢に当たるので高慢、横暴、欲望などと共に自他の安心、平和及び幸福は実現せず、後悔に及ぶのであります。この慈悲と正義との調和を人心に扶植するので聖人正統の教育であります。

しこうして現代を救う教育の原理は正にここにあるのでございます。〈「貞」は人類進化の根本原理にして、「亢」は人類退化の原理を含む〉

（「道徳科学研究所と道徳科学教育」）

「元亨利貞」の元は大なりということ、亨は通ずるということ、利は利益、幸福等を意味す。しこうして貞は慈悲寛大自己反省を含むところの正義にして、単なるジャスティス（Justice）と大差ある語であります。故に婦人の正しい人を貞女といい、正しい行いを貞節というので、正女、正節等といわぬのである。正女、正節の人は「亢龍有悔」に当たるのです。そこでもし人間が最高道徳を体得して慈悲を含む正義を行わば、大いに天地四方に通じて幸福を享くるに至るということにて人間進化の大法則を示せるものであります。

（「道徳科学及び最高道徳の実質幷に内容の概略」）

「亢龍有悔」

『易』の乾卦に亢龍有悔〔亢龍《こうりゅう》悔《くい》有《あ》り〕と申すことがあります。亢は強いとか高いとか驕《たか》ぶるとか逆らうとかいう字にて、亢龍とは上りつめたる境地をいう。上りつめて正義にのみよりて行動せば、失敗するという教えであるのです。

（「更生の原理方法及び其効果」）

「亢龍有悔」の亢は高く固き意味にて抵抗の意味を含む。もし人間が正義一点にて世に立てば他と衝突を免れず。さすれば失敗して悔を生ずるに至る。これ人間退化の原理であります。

（「道徳科学及び最高道徳の実質幷に内容の概略」）

「大学之道在明明徳」

聖人正統の教えにおける教育の本質は神を信じ、伝統《オーソリノン》を敬い、恩人の恩を報ずることを教うるにあり。教育勅語に皇祖皇宗《こうそこうそう》の神徳を教育の淵源《えんげん》となし、『大学』の劈頭《へきとう》に「大学之道在明明徳在新（親）民在止於至善」とありて、神明の徳すなわち天地の法則を教育の淵源となす。

（「道徳科学及び最高道徳の実質幷に内容の概略」）

「以経説経」

大学院に当たるところに進むものにはギリシア語、ラテン語、ヘブライ語等を学ばせます。しこうして大学院に進む人にて万一月謝が出せぬとか食費に困るとかいう人には月謝も免じ食費も支給する。かつまたここのモラロジー図書館は学者になれるように造ってありますから、末はいよいよ楽しみがあります。

生徒が勉強したいという必要の本は何ほどでも買ってあげます。今でも必要の本はたいてい揃《そろ》うておる。政治でも法律でも哲学でも経済でも、世界第一流の本は英、独、仏を始め日本、支那等皆ひと通り揃うておる。世の学生は二流、三流の異端の本ばかりを読むから、つまらないものになりおわるのです。私は若いときからすべて書物の注釈は読まぬ。

今モラロジー図書館に掲げてあるとおり「以経説経」すなわち帰納法にて勉強したから成功したのですが、外国語の不完全なためにいろいろ困難をしたから、今度諸君には十二分に外国語を学ばすることにしたのです。

（「モラロジー教育に関する基礎的重要書類」）

「自我没却神意實現之自治制」

モラロジーにおいては自我没却と申しまして、利己的本能を去って天地の法則に適従せよと申すのであります。しこうして天地の公法則というは、すなわち神の精神に当たるのであって、人間としては何人《なんぴと》も行わねばならぬところの公なる道徳であるのです。

道徳科学専攻塾の寄宿舎は生徒の自治制でありますが、その自治の意味が今日の一般社会の考えと異なっておるのであります。すなわち今日のいわゆる自治は、人間の利己的本能から出《い》でておるところのヨーロッパの近世思想すなわち自由、平等ならびに平等的博愛の思想に本づき、人間各自の利己本位の協調によりて団体を統制せむとするのであるから、団体の治者と被治者との間及び被治者相互間、常に感情もしくは利害の衝突ありて安心、平和の統制は出来ぬのである。

※

モラロジーのいわゆる自治は、天地の公法則によりて各自の品性を形造っておる原則でありますから、団体統制の法則おのずからに一定しておるのであります。それ故に団体間の実生活法には、おのずから定まれる標準というものが存在しておるのであります。よって団員はその標準に従って行動するのでありますから、監督者の必要もなく団員相互間に紛擾《ふんじょう》の起こることもないのであります。

（「道徳科学及び最高道徳の実質幷に内容の概略」）

「没却自我同化神意　圖事在人成事在天」

（一）没却自我同化神意　（二）圖事在人成事在天

（一）自己の利己的本能を去って神様の御心《みこころ》に同化することがすなわち更生である。よくモラロジーの原典を見て利己的本能を没却することを研究、体得かつ実現せねば更生は出来ませぬ。

（二）我々人間の利己的本能に固《かた》まっておる精神を神様の御心に更生さするのでありますから、利己的本能を離れて神の慈悲心に同化し、そのうえにていろいろな計画を致すべきで、これは当然のことであるが、しかしそのことの成就するのは、こちらの計画が天地の法則すなわち最高道徳に合した時でなくては出来ぬことである。

しこうしてたといその一つの計画が天地の法則に合しておっても、自分の祖先以来の徳が足らねばその計画はやはり成就せぬのであります。故に人間はだんだん人心救済に力を尽くして徳を積み、過去の借財を払い、然《しか》る後に天地の法則に合する計画を立つればことごとくそのこと成就するのであります。然るにいかに偉大な人物でも自分の知識《インテリジェンス》や力《パワー》にて天地の法則に反することを計画し、それが当たると思うのは、大なる誤りであるのです。

左に支那にて古今の智者といわれたる諸葛孔明《しょかつこうめい》の事跡を挙げて参考に供しておきます。しこうしてこのことは「新科学モラロヂー及び最高道徳の根本原理」の㈥異端の学問、知識及び腕力其他人力に依拠して事物を処置する弊の条にあれば必ずこれを参照してください。しこうしてこの「図事在人〈原文には図を謀に作る〉成事在天」の句の出典は、明《みんの》弘治本『三国志通俗演義』の巻二十一に「却説孔明望見司馬懿被魏延誘入谷（葫蘆谷）時不勝忻喜馬岱一齊放火将欲尽情焼死忽天降大雨火不能著人報走了（司馬懿が）孔明聞知仰天長嘆曰謀事在人成事在天後人有詩賛孔明這八箇字曰烈火万堆蔵木柵片時司馬命難全忽然大雨霶霈下謀事須人成在天」とあるによったものであります。

すべて人間は自分の利己的本能にて計画したことは一切当てにならぬのである。すなわち第一にはそのことが神様の御心（天地の法則）に合し、第二には自己の運命がこれをなし遂《と》ぐるだけに善くなっておるということならば、あるいは多少当てになれど、さもなきことは当てにならぬのである。されば何人にても自分の実生活上万事にこの確信を持して最高道徳によりて進むようにならねば更生したのではないので安心、幸福は得られませぬ。

（「更生殿説明書」第二章）

「黄帝尭舜垂衣裳而天下治」

右は『易』の繫辞下篇に「黄帝堯舜垂衣裳而天下治蓋取諸乾坤」とある文にて文中の「諸」は「之」と「乎」との合字にて「取之乎乾坤」と書くべきを諸の字一字にて記せるものである。そこで昔の聖人は黄帝も堯も舜も衣裳を垂れてと申してねまきを着て寝たり起きたりしておって天下が自然に治まったと申すのであります。

しこうしてこれは乾坤すなわち天地の法則であると申すのです。およそ天地の法則は人間にて申さば利己的本能を去って慈悲至誠となって人類の安心、平和及び幸福を図ることである。すなわち日月をはじめ万物皆ただ自己の保存のほかに無我無報酬にて日夜自分以外の利益のために働いておるでしょう。人間もこういう真理を覚《さと》って世に立たば、国家も家も工場も商店もすべての団体も皆無事に治まるでしょう。

然るに上に立つものも、下におるものもただ利己的本能に囚《とら》われて自分の福利のみを図るが故に、上下いずれも日夜狂奔労作しても治まらず、不安不和にして不幸の生活を送るに過ぎぬのである。

この真理を覚った人が真に更生した人である。私のごときも先年一《ひと》たび真にこの真理を覚って神意に同化し、利己的本能を去って慈悲至誠の心になり、もって人心救済に従うように更生した際には、痼疾の神経衰弱すでに重くなりかつ老年のため健康勝《すぐ》れず日夜臥床《がしょう》《ねどこ》の上に横たわっておれど、万事順調に進みてモラロジーの事業も今やほとんどその緒に就きかけておるのである。故に聖人の事跡決して偽りはないのであります。

ただ人間は利己的本能を去って神の慈悲心を体得し、もって人身救済をなすに至らば、自分の事業は自然に寝ておっても成就するのである。

しこうしてここに「人心救済をなすに至らば」という句がありますが、これは専門に宗教家のようなことをせよというのではないのです。元来モラロジーはこれを体得する人が皆人心救済の心になりて自分の事業の上にもこれを行うのであるから、かように述べたのであります。されば何人もこれを誤解せぬように願います。

（「更生殿説明書」第六章）

「仁者以財發身不仁者以身發財」

『大学〈伝の第十章〉』に「仁者以財発身不仁者以身発財未有上好仁而下不好義者也未有好義其事不終者也未有府庫財非其財者也」とあり。人間固有の利己的本能のままの人は自分のことよりほかを顧みることなきが故に、皆不仁者である。この不仁者は皆人間の精神と肉体とを酷使して富を造ることを勉めておるのである。

第一に自分と家族との身を苦しめ、第二に使用人を始め関係者を苦しめて財を造ることに熱狂しておるのである。故に人間の身に種々の疾病《しっぺい》起こり、人間社会に労働争議その他紛擾《ふんじょう》が起こるのであります。

然るに最高道徳によりて更生せる人は神の御心たる慈悲心をもってこの世界一般人の誤れる思想、信仰等を正してこれを救済せむとして努力するが故に、一切のこと皆財《おあし》をもってすべての人間の心身を幸福にしようとするのであります。すなわち人間の幸福実現を目的となし、財力をその方便として用うるのであります。この一事を明確に理解し得《う》れば更生したのであります。

然るにこの原理が明確に分からねば、人間実生活の標準が立たぬのですから、たとい一時人心救済に登場してもついには救済されずに普請《ふしん》の足場《あしば》となりおわるのである。

（「更生殿説明書」第五章）

『大学』の伝の十章に仁者以財発身不仁者以身発財〔仁者は財を以て身を発し、不仁者は身を以て財を発す〕とあり。これは最高道徳にて更生した人は物質の力に藉《よ》りて、人間の幸福を増すことを図り、不仁者すなわち一般の人間は利己的本能によりて、人間を犠牲にして物質的利益を図ると申すのであります。

古来政治でも喧嘩《けんか》でも戦争でも、あらゆる事業の経営でも皆人間の欲望を充たすために、人間を虐使し人間の生命を犠牲にして顧みぬのであります。そこで聖人が一般人をば、すべて不仁者と称してあるのです。失礼ながらすべての人々は私のモラロジー教育においてなすところを御覧になれば、人間が本であって物質が末であることが明らかに分かると思います。しこうして本を勤むれば天地の法則すなわち神様の御心に適《かの》うて好運を開くのであります。

（「更生の原理方法及び其効果」）

「従天地之法則没却自我則億兆一心大事成就」

当掲板に関して触れている廣池千九郎の直接の言葉は、現在のところ記録を見つけるに至っていません。

「指導階級重要注意」

一、雨天の下駄《げた》となるなかれ
一、普請の足場となるなかれ
一、暗夜の提灯《ちょうちん》となるなかれ

右一時的に形の上に役立つことを自負して顚落《てんらく》する戒《いまし》めなり。神様の御心に同化せず、伝統を思わず、慈悲至誠真の人心救済の精神を失い、自己の利己的本能によりて行動せば、単に事業の踏台となるのみにて最後の安心、幸福に到達するを得ず。

モラロジーの父特に神の慈悲心によりてこれを記す。

（「更生殿説明書」第十章）

※参照

雨天の下駄、普請の足場、暗夜の提灯の具体的説明

右のごとき終わりを全くせぬ（成功せぬ）人の欠陥を具体的に教えてくださいと申し出《い》でた人があるが、これは極めて幼稚な質問であれど、念のために一言いたしましょう。

第一に伝統の原理に背く言語、行為はただちにその人の破滅となります。たとい熱心に人心開発に努力するも、その詞《ことば》の中に伝統家の家族や先輩の人々に対する悪口《あっこう》を混じたならば、これを聞く人はたちまちに心中にモラロジーの原理を疑うようになって、今後どうしてよいか茫然《ぼうぜん》たる有様になります。

故に、かかる言語をお話の中に混じて、かように人心を惑わす人の精神と行為とは極めて陋劣《ろうれつ》な利己的本能に支配されておるのでありますから、これは人心救済にならずして、かえって人心を不道徳に導くことになるのです。そこで、かかる言語を発する人は神意に反しますから、早晩必ずモラロジー団体にて排斥せられ、一旦上位に登った人でも墜《お》ちてしまうのであります。

しこうしてこの種の人物のお話はモラロジーの原理ならびにその運用法よりは異端の教説ならびにこれに関する普通道徳の実例や文学的にして道徳的実質に乏しき詩歌や比喩等をみだりに多く引用して最高道徳に縁遠《えんとお》き人々の心に迎合する風あり、故に不徳の人はこれを好めども、最高道徳に進む素質ある人もしくは最高道徳の実行者はこれを嫌い、その陋劣を悪《にく》むのである。故に逐年《ちくねん》徳を失い、ついに顚落するに至るのである。

第二はいかに最高道徳の人心開発に熱心する人にても、その人の精神が神様の慈悲至誠に合せずして『論文』第十章に示してある利己的本能から出ずる因襲的なる形式的道徳であったならば、その人の行為は皆天地の公道に反する利己的行為なるが故に、一時たとい虚名を博しモラロジー団体内にて重く用いらるるに至るも、早晩必ず顚落するのであります。

元来、モラロジー団体に属する人の中にもこの種の人が多いので、この種の人は神の性質、利己的本能の原理、伝統の原理、天地の公道等の意味が十分に真に理解されておらずに、ただ形の上を正しく完全に行えばよいとばかり考えておるのですから、そのなすところがことごとく肯綮《こうけい》《かなめなところ》に中《あた》らぬのである。

たとえば、伝統に対するにも真に慈悲の心にて伝統の心を慰《なぐさ》むるとか要用を助くるとか、伝統に面会して伝統に安心してもらうというような至誠を欠いておるものが多いから、おのずから伝統に真の喜びと感謝とを与うることが出来ぬのである。そういう人々はついに神の御心にも伝統の心にも適わぬようなことが累積して不首尾となるのである。そうなると他人が自分を讒言《ざんげん》したように邪推して伝統の裏方に回ってひそかに歎願などをいたすものを生じ、その行為、普通道徳の人と同一に堕《だ》してしまうのである。

元来、自分さえ立派に最高道徳の精神によって立っておらば、何とて伝統の前に不首尾になるべきや。これを考えずに、ただ利己的本能にて自分のことばかり考えていろいろに策動し、暗躍することは、ますます自分の墓穴を掘ることになるのである。

また、ひそかに他人の室を覗《のぞ》くとか、抜き足差し足して他人の動静を立ち聞きするとか、伝統家の人もしくは先輩に対して蔭口《かげぐち》をいうとか、他人の書状の内容をうかがい知りたく思うとか、他人殊《こと》に自分より上におる人の欠陥を見出《みいだ》し、聞き出すことに努むるとか、伝統の許可をも受けずにひそかにモラロジー団体の中に私の団体を造りてその会長となるとか、年齢の若きものや、御教えの心の薄きものに親切な詞をかけてこれを惑《まど》わしもって自分の味方を造るとか、出張先にて工場、商店等の職工や店員をそそのかして自分に傾倒させてその工場、商店等の不利を図るとか、表面は親友でありながら陰《いん》にその友を売って自分の信用を上の人に得むとするごときものとか、金銭、物品のうえに私曲あるものはもちろん、言行に表裏ありて殊に伝統の眼を欺《あざむ》くごときもの、陰険、横暴、他人を無視するもののごとき、また上述の行為と同一原理の行為すなわちすべて公明を欠く行為ある人、たとえば主人の家にてある機会に召使いの人の手より御馳走《ごちそう》をいただいたときに、これは主人には内々にたのむというごとき人は公明を欠く人にてすなわち虚偽の人である。かかる場合に真に最高道徳の人ならば、これは不図《ふと》ご主人にも申し上げず御馳走になりました、あとにて恐れながらご主人によろしく申し上げてくださいと申すのであります。

また上の人の前にては遠慮いたし、上の人のおらぬところにては餓鬼《がき》のごとくに争い食す。これまた右と同一の人種にてかかるものはついに亡ぶ。また重大なことに無責任な行動を執るとか〈たとえば自分の預るところの団体の預金帳を外部の人に託し金銭を出納さするごときこと、これは団体の財力のいかんを外部に漏らす恐れあれば団体に対して重大なる罪悪である〉いうような人物は普通道徳の中でも陋劣なものとして排斥さるるのです。

かかる人物は実に伝統の腹心の害をなし、もって伝統の心を悩ます悪人であるのです。かかる人物はたとい表面上いかなる功あるも、また学力、才能、財力、権力あるも末、ついにおのずからモラロジー団体の中から淘汰さるるものである。

右のごとくにして徳無きものはついにただ一時的にモラロジー団体内にて用いらるるだけで万世不朽の幸福を開くに至らぬのであります。すべて伝統の裏方その他上級人の夫人に接触して、あるいは立身出世を図り、あるいは事業の便宜を冀《こいねが》い、あるいはまた表の不首尾を裏より補うなど古来世渡りの良方便となっておれど、聖人はかかる陋劣なることをば斥けてあるのです。

『論語』の八佾《はちいつ》篇に「王孫賈問曰与其媚於奥寧媚於竈何謂子曰不

然獲罪於天無所禱也」ということがあるので、これは主婦人や執事の御機嫌を取っても不正なことがあって主人の気に逆らへばその罪は免れずとの御教えであるのです。

なおこの意味を敷衍すればいろいろな神や仏や宗教や教化団などを信仰しても、宇宙根本唯一の大神の御心すなわち最高道徳に従うことをせなかったならば、ついに滅亡するということであります。

しこうして更に注意すべきことは、道徳科学専攻塾を卒業しもしくは講習会を受けた人にて神様の御守護を蒙り健康かつ開運に向かいたるときには何人も皆これを喜びて神様と伝統とに感謝するのですが、その中にてただ口先ばかりに感謝して、物質的にはなんら奉仕をせぬ人もあるのです。かかる人は初めのうちは一時御守護もありますが、だんだん年月を経るにしたがってその御守護を失い、再び不幸に陥るに至るのであります。すなわち雨天の下駄にて永久に神様に用いらるることは出来ないのであります。

また、たとい物質の奉仕をいたしても、あまりにその身分に比して少額なるときには、やはり雨天の下駄になってしまうのであります。つまり至誠慈悲の精神と物質的奉仕の行為と両々相並んで完全に助かるのであります。

（「別科卒業記念帖」第九章）

「正統と異端との別」

異端方便の教育法と聖人正統の教育法

一、甲は天地の真理の一部分もしくは数部分をもって人間を造らんとす。故にその結果また一時的一部分的成功を齎《もた》らすに過ぎず。（第七条参照）

一、乙は天地の真理の全部をもって人間を開発救済す。故に全体的、永久的幸福を人間に与えて万世不朽の家をも生み出すを得るなり。

異端方便の教育法

(1)エデュケーション(Education)……引き出す
(2)イミテーション(Imitation)……模倣
(3)トレイニング(Training)……訓練
(4)レフォーメーション(Reformation)…矯正
(5)セルフ・コントロール(Self-control)…克己
(6)フェイス(Faith)……信仰（丸呑み）
(7)エロクエンス(Eloquence)……弁論して人に聞かする事（実行なく口舌にて空しく人に説くことなり）
(8)エクスペリエンス(Experience)……経験

異端の教育法は右の八つのうちの若干をもって人を教育す。

聖人正統の教育法

(1)エンライトンメント(Enlightenment)…指導階級者自《みずか》らまず神の智慧《ちえ》の光を体得し、もって人心を開発す
(2)サルヴェーション(Salvation)……指導階級者自らまず神の慈悲の光を体得し、もって人心を救済す

○神の智には道徳を含み、道徳には智を含む。故に究竟《きゅうきょう》真

の開発と救済とは同一なり
○なおこの開発救済の二つの中に前の⑴から⑻までを含み、
さらに一切無限の道を含む

一、異端には伝統すなわち神意に合する天地の公道としての原理と真の慈悲至誠、神意一致の原理と無し。故にその異端によりて苦労せる努力は神意すなわち天地の法則に合せず。されば、苦労の効力少なし。聖人正統の教えは天地の法則、天地の公道、人類進化の法則にして神様の御心に合するが故に、その努力皆有効なり。これを換言すれば、伝統の淵源たる神意と一致する慈悲至誠の心にて努力すれば、必ず成功し無《む》より有《ゆう》を生ずるに至る。

一、すなわち予が大正四年以降、財力無く健康無くかつ一人の味方無くしてよく今日をいたせる真の原因は、実に神意を体得して伝統〈神様は四伝統の淵源なり〉に縋《すが》り、日夕ただそれに凭《もた》れて真の慈悲至誠の上に立つ人心の開発救済に邁進せる結果であるのです。

（「モラロジー教育に関する基礎的重要書類」第六条）

「正統物質生活法」

掲板にあるとおりです。

「入浴規則」「用便規則」

元来、因襲的道徳において承認されておる礼儀・作法等は今日においては不必要なことも多けれど、しかし他人に快感を与うるがごとき重要なる礼儀・作法をも知らざるものが、いかに最高道徳を実行しても、普通の人間社会においては容認されないのであります。卑近の例ではあるが、他人の家もしくは公衆の集合するところの大小便所のごとき、これを使用する際、注意して汚さぬような習慣を養成しておかねばなりませぬ。万一、過《あやま》ってこれを汚すときには、自ら適当の方法をもってこれを掃除しておくべきであります。また入浴の際、浴槽に入るに先立ち、よく全身を洗い清め、然る後、浴槽に入るべきであります。しこうして入浴・出浴の際、つとめて静粛にせねばなりませぬ。更にまた、日本のごとく自分の後に多数の人が入浴する場合には、浴槽を出《い》ずる際に、小桶《こおけ》にて浴槽の湯の上に浮かびおる自分の脂肪を掬《すく》い取りて棄《す》つべきであります。（中略）かくのごときは極めて些細事《ささいじ》のごとくでありますが、すべて先人の定めたる礼式は、おのずから今日の心理学・生理学その他すべての科学的原理に合致しておるのであります。さればかかる先人の教えを遵守し、更にその精神を最高道徳的に改めたならば、自己の行動はみなことごとく他人に快感を与え、その至誠また天に通じて、おのずから絶大の幸運を開く端緒を得るに至るでありましょう。

（『論文』⑦二一四～二一六ページ）

扁額の教え―廣池千九郎の人間教育

平成 21 年 8 月 20 日　初版発行

編　者　財団法人 モラロジー研究所出版部
発　行　財団法人 モラロジー研究所
〒 277-8654 千葉県柏市光ヶ丘 2-1-1
TEL.04-7173-3155（出版部）
http://www.moralogy.jp/
発　売　学校法人 廣池学園事業部
〒 277-8686 千葉県柏市光ヶ丘 2-1-1
TEL.04-7173-3158
印　刷　横山印刷株式会社

ISBN978-4-89639-175-6